위풍당당 엘리자베스 1세

ELIZABETH I AND HER CONQUEST
Text ⓒ Margaret Simpson, 2001
Illustrations ⓒ Philip Reeve, 2006
All rights reserved.
Korean translation copyright ⓒ 2010 by Gimm-Young Publishers, Inc.
Korean translation rights arranged with Scholastic Ltd through EYA
(Eric Yang Agency)

이 책의 한국어판 저작권은 에릭양 에이전시를 통해 Scholastic Ltd와 독점 계약한
(주)김영사에 있습니다. 저작권법에 의하여 한국 내에서 보호를 받는 저작물이므로
무단 전재와 복제를 금합니다.

앗, 이렇게 재미있는 사회·역사가!

위풍당당 엘리자베스 1세

마거릿 심슨 글 | 필립 리브 그림 | 김은숙 옮김

주니어김영사

위풍당당 엘리자베스 1세

1판 1쇄 인쇄 | 2010. 6. 7.
개정 1판 1쇄 발행 | 2019. 12. 5.
개정 1판 4쇄 발행 | 2025. 5. 2.

마거릿 심슨 글 | 필립 리브 그림 | 김은숙 옮김

발행처 김영사 | 발행인 박강휘
등록번호 제 406-2003-036호 | 등록일자 1979. 5. 17.
주소 경기도 파주시 문발로 197(우-10881)
전화 마케팅부 031-955-3100 | 편집부 031-955-3113~20 | 팩스 031-955-3111

값은 표지에 있습니다.
ISBN 978-89-349-9859-4 74080
ISBN 978-89-349-9797-9 (세트)

좋은 독자가 좋은 책을 만듭니다. 김영사는 독자 여러분의 의견에 항상 귀 기울이고 있습니다.
전자우편 book@gimmyoung.com | 홈페이지 www.gimmyoung.com

이 도서의 국립중앙도서관 출판시도서목록(CIP)은 서지정보유통지원시스템
홈페이지(http://seoji.nl.go.kr)와 국가자료공동목록시스템(http://www.nl.go.kr/kolisnet)에서
이용하실 수 있습니다. (CIP제어번호 : CIP2019031437)

|어린이제품 안전특별법에 의한 표시사항| 제품명 도서 제조년월일 2025년 5월 2일
제조사명 김영사 주소 10881 경기도 파주시 문발로 197 전화번호 031-955-3700 제조국명 대한민국
사용 연령 11세 이상 ⚠주의 책 모서리에 찍히거나 책장에 베이지 않게 조심하세요.

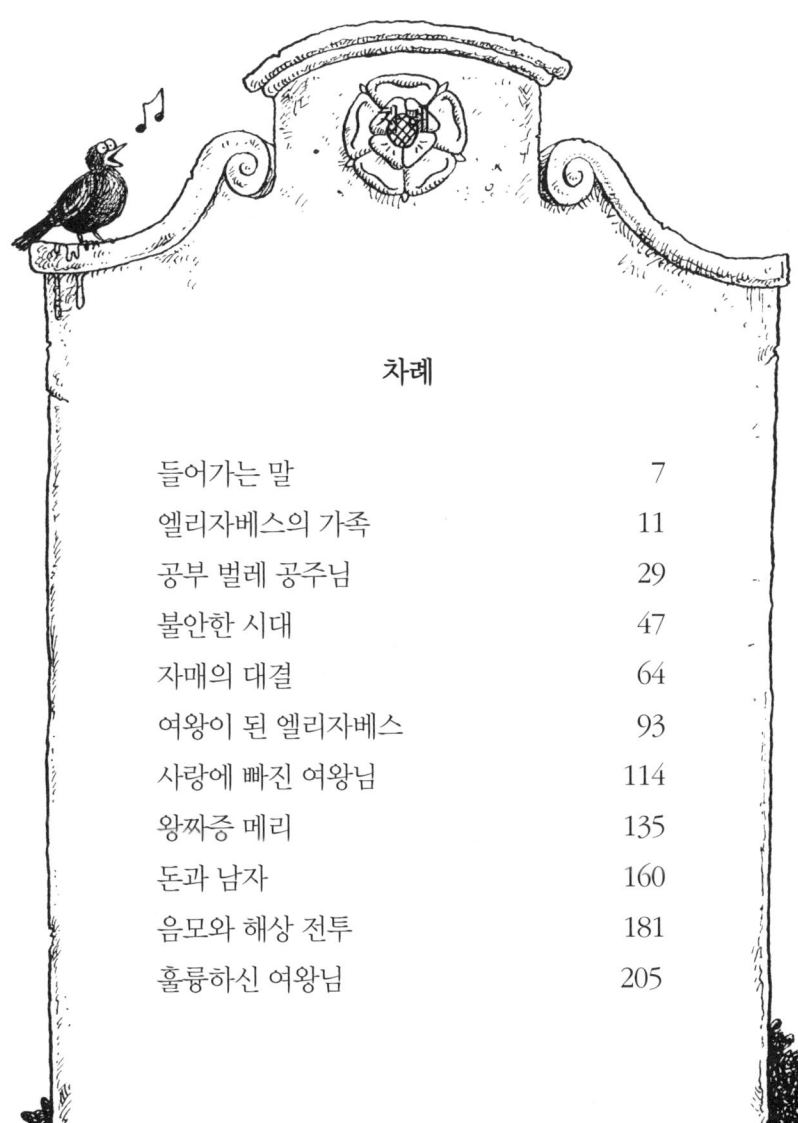

차례

들어가는 말	7
엘리자베스의 가족	11
공부 벌레 공주님	29
불안한 시대	47
자매의 대결	64
여왕이 된 엘리자베스	93
사랑에 빠진 여왕님	114
왕짜증 메리	135
돈과 남자	160
음모와 해상 전투	181
훌륭하신 여왕님	205

들어가는 말

엘리자베스 1세는 영국*에서 가장 유명한 여왕이다. 그런데 하마터면 여왕이 되지도 못할 뻔했다.

*영국은 잉글랜드, 스코틀랜드, 웨일스와 북아일랜드가 모여서 이루어진 나라이다. 그런데 튜더 왕조 시대에는 스코틀랜드가 독립된 국가였다. 그러니까 여기서 말하는 영국은 잉글랜드라고 부르는 게 옳지만, 그냥 영국이라고 부르기로 하자.

엘리자베스는 평생 동안 이런 구설수에 시달렸다. 어떤 사람들은 이 문제를 두고 어찌나 흥분했던지 엘리자베스를 죽이려는 음모까지 꾸밀 정도였다. 그리고 암살 음모를 꾸미지 않은 사람들은 엘리자베스를 결혼시키려고 들었다. 당시 사람들은 이래라저래라 사사건건 간섭하는 남편도 없이 여자가 혼자서 나라를 통치한다는 걸 상상도 하지 못했거든.

그러나 엘리자베스에게는 씨도 안 먹히는 소리였다.

흥, 숱하게 죽을 고비를 넘기면서 얻은 권력을 남자한테 갖다 바치라고?

엘리자베스는 누구를 마음에 두고 있는지 아무도 모르게 속마음을 꽁꽁 숨겨 사람들을 궁금하게 만들었다. 그래서 수많은 남자들이 엘리자베스를 따라다녔지만, 결국 모조리 퇴짜를 맞았다.

엘리자베스는 돈이 많이 들고 사람들이 숱하게 죽어 나가는 전쟁을 벌여 다른 나라를 정복하고 싶지는 않았다. 다만 오랜 세월 영국을 통치하면서 꼭 정복하고 싶었던 게 하나 있었다. 그녀는 왕관을 지키려면 국민의 사랑과 존경이 필요하다는 사실을 알았기에 국민의 마음을 정복하기 위해 평생 갖은 애를 썼다.

엘리자베스는 암살 음모와 전쟁, 천연두와 전염병을 이기고 살아남아 영국 역사상 가장 똑똑한 통치자로 꼽히게 된다. 그녀는 모질게 굴었고 때로는 못된 짓도 했지만, 결국엔 아주 강력한 군주가 되어 통치 말엽에는 '글로리아나(요정 나라의 여왕)'라고 불렸다. 영국은 엘리자베스가 통치하면서 과거 몇백 년 동안 전례가 없었을 만큼 강력하고 통합된 국가가 된다.

이 책에서는 엘리자베스가 썼을 법한 비밀 일기도 특별히 공개할 테니까 엘리자베스가 수많은 위험 앞에서 어떻게 침착하고 이성적으로 행동했는지 살펴보자. 그리고 〈튜더일보〉의 특종 기사를 읽고 엘리자베스의 세계가 어땠을지 상상해 보라.

엘리자베스의 가족

엘리자베스 튜더는 1533년 9월 7일에 태어났다. 엘리자베스의 아버지인 헨리 8세(아내를 여섯 명이나 둔 왕으로 유명하다)는 딸이 태어나자 크게 실망했다. 이미 딸이 하나 있었던 데다 자신의 뒤를 이어 왕이 될 아들을 원했던 것이다. 그 시절 대부분의 사람들이 그랬던 것처럼, 헨리도 여자는 멍청하고 약해 빠져서 나라를 다스릴 수 없다고 생각했다.

헨리는 아들을 낳지 못한 게 분해서 펄쩍펄쩍 뛰었지만, 다른 사람들은 기뻐서 펄쩍펄쩍 뛰었다. 헨리를 싫어하는 사람들은 끔찍한 소문을 유럽 전역에 퍼뜨렸다.

사람들은 왜 그렇게 헨리를 싫어했을까? 우선 엘리자베스의 가족을 살펴보자.

엘리자베스의 아버지. 영국에서 가장 뚱뚱하고 총명한 왕. 머리색이 붉고 키가 183cm나 되는 훤칠한 미남이었으며, 포도주와 여자, 춤과 노래를 좋아했다. 무엇이든 자기 뜻대로 되지 않으면 직성이 풀리지 않았고, 쓸모가 없다고 생각하는 사람들은 인정사정없이 버렸다.

헨리의 첫 번째 부인 아라곤의 캐서린. 캐서린은 에스파냐의 공주로, 헨리와 20년 동안 부부로 지냈다. 헨리와 캐서린 사이에서 태어난 아이들은 공주 한 명만 빼고 모두 죽었다. 헨리는 아들을 낳지 못하는 캐서린에게 점점 못되게 굴었다. 그런데도 캐서린은 헨리에게 늘 잘해 주었다.

메리 공주. 캐서린이 낳은 아이 가운데 유일하게 살아남은 공주. 메리는 헨리(헨리도 처음에는 가톨릭 교도였다)와 캐서린처럼 로마 가톨릭 교도였다. 메리는 원래부터 꽤

까칠한 성격이었는데, 세월이 갈수록 우울하고 음침한 성격으로 변했다. 하긴, 메리가 겪은 일을 생각해 보면 전혀 이상한 일도 아니다.

엘리자베스의 엄마. 앤 불린을 싫어한 사람들은 그녀를 '자정의 까마귀'니 '마녀'니 하는 괴상한 별명으로 불렀다. 앤 불린은 키가 작고 피부가 까무잡잡하면서 유난히 목이 길고 입이 컸다. 게다가 황소고집이라서 원하는 건 뭐든지 얻어 냈다. 앤은 헨리가 자기에게 빠졌다는 사실을 알고는 아주 비싸게 굴었다. 헨리는 도도하게 구는 앤에게 더욱 깊이 빠져들어 마침내 헨리는 앤과 결혼하기로 마음먹었다. 다만 이미 결혼을 해서 아내가 있다는 게 문제였다.

왕비 없애기

헨리는 캐서린을 없애려고 어떤 방법을 썼을까? 엘리자베스의 탄생 몇 개월 전, 버킹엄 궁은 충격적인 소식을 발표했다.

튜더일보
1533년 5월 23일

왕의 결혼은 처음부터 무효였다

대주교 "오래 전 교황 판정 잘못"

헨리는 결혼을 무효로 해 달라고 무려 6년간 교황에게 졸라 댔다. 그런데 바로 오늘, 캐서린과의 혼인이 처음부터 무효였다는 놀라운 사실이 드러났다.

토머스 크랜머 캔터베리 대주교는 네 차례 회의 끝에, 캐서린은 헨리의 형 아서의 아내였기 때문에 헨리와의 결혼은 무효라는 결론을 내렸다.

에스파냐 공주 캐서린은 열다섯 살 때 헨리의 형 아서와 결혼했지만, 결혼식을 치른 지 다섯 달 만에 신랑이 죽어 홀몸이 되었다. 하지만 헨리의 아버지 헨리 7세는 에스파냐와의 혼인 관계를 깨뜨리고 싶지 않았다. 그래서 교황에게 헨리와 캐서린의 결혼을 허락해 달라고 부탁했다. 그러자 교황은 허락해 주었다.

그런데 어제 크랜머 캔터베리 대주교가 당시 교황의 결정이 잘못되었다고 판정한 것이다. 버킹엄 궁의 대변인은 왕이 매우 기뻐했다고 전했다. 하지만 왕은 이미 앤과 비밀 결혼식을 올렸기에 성대한 결혼식을 올리지는 않을 예정이라고 밝혔다.

대변인은 "앤 불린의 왕비 등극식은 최대한 빨리 거행할 것이다."라고 덧붙였다. 그러나 캐서린 왕비가 앞으로 왕비 칭호를 계속 쓸 수 있느냐는 질문을 받고는 급히 버킹엄 궁으로 되돌아가 버렸다.

버킹엄 궁은 후일 성명서를 발표하여 캐서린 왕비는 이제부터 '왕세자비'로 불린다고 밝혔다.

헨리는 캐서린 왕비와 이혼한 뒤 잽싸게 행동했다. 일주일 뒤에 앤 불린의 등극식을 거행한 것이다. 앤은 불러 오는 배를 안은 채 캐서린 왕비의 배를 타고 대관식장으로 출발했다. 게다가 캐서린 왕비의 문장(가문이나 단체의 권위를 상징하는 장식적인 문양)이 걸려 있던 곳에 자신의 문장까지 걸었다.

런던 시민들은 앤 불린을 반기지 않았다.

당시에는 높은 사람이 지나갈 때 남자들이 모자를 벗는 관습이 있었다. 그러나 많은 남자들이 앤 앞에서는 모자를 벗지 않았다. 심지어 "우우!" 하고 야유하는 사람도 있었다.

수습공 소년들은 지나가던 개가 웃을 일이라면서 왕과 왕비 이름의 머리글자(Henry, Anne)를 보면 알 수 있다고 말했다.

헨리는 앤 불린과 결혼하려고 20년 동안 함께 산 아내를 버렸다. 그리고 가톨릭교를 버리고 영국 국교회를 만들었다. 국민들은 왕의 행동이 지나치다고 생각했고, 왕의 결혼을 합법적으로 만들기 위해 종교를 바꾸지는 않겠다고 말했다. 반면에 가톨릭을 싫어했던 사람들은 얼씨구나 하고 종교를 바꾸었다.

헨리의 행동이 옳건 그르건 간에, 이것은 이후 수백 년 동안 종교적 갈등을 일으키는 불씨가 되었다. 권력이 바뀔 때마다, 권력자와 다른 종교를 믿는 사람들이 숱하게 고문을 당하고 화형에 처해졌다.

헨리는 훗날 일어난 이런 무시무시한 일들을 몰랐겠지만, 알았다고 하더라도 별로 신경 쓰지 않았을 것이다. 그토록 바라는 아들을 얼마든지 낳아 줄 젊은 왕비가 생겼으니까.

공주의 탄생

앤 왕비는 안타깝게도 딸을 낳았다. 그리고 그 뒤에도 건강한 아들을 낳지 못했다. 사람들은 주는 대로 받는 법이라며 왕비의 불운을 고소해했다. 하지만 공주의 세례식만큼은 화려하게 치러졌다.

뱀이 똬리를 틀 듯 길게 늘어선 공주의 세례식 행렬이 그리니치 궁을 출발했다. 지난 수요일 오후, 런던 교외 그리니치의 프라이어리 교회 앞에서는 수많은 사람들이 세례식 행렬을 구경하며 즐거워했다. 끝이 보이지 않을 만큼 기다랗게 늘어선 세례식 행렬은 태어난 지 삼일밖에 되지 않은 엘리자베스 공주를 모시고 그리니치 궁을 출발해 세례식장으로 향했다.

아기 공주님은 대고모인 노퍽 공작 부인의 품에 안겨서 교회로 들어갔다. 흰담비 털로 장식된 보라색 벨벳 옷자락이 어찌나 무거웠던지, 신하 두 사람이 켄트 백작 부인을 도와서 공주의 옷자락을 들어야 했다.

행렬이 지나가는 거리에 살았던 억세게 운 좋은 사람들은 창문에 융단을 걸어 두고는 친구들을 초대해 아기 공주님의 행렬을 구경했다.

공주의 대모인 노퍽 공작 부인은 런던 주교가 아기 공주님에게 세례를 베푸는 모습을 지켜보았다.

아기 엘리자베스 공주님은 어른들이 향신료를 넣은 포도주를 마시는 사이에 스르륵 잠이 들었다. 세례식에 초대된 한 손님은 "공주님이 전하의 붉은색 머리카락을 쏙 빼닮았다."며 감탄했다.

그러나 헨리는 중요한 국가 행사인 엘리자베스의 세례식에 오지 않았다. 왜 그랬을까?

어떤 사람들은 앤 왕비가 딸을 낳았기 때문에 화가 난 것이라고 수군댔다. 하긴 엘리자베스가 아들이었다면, 헨리는 하늘이 두 쪽 나더라도 세례식에 갔을 것이다.

엘리자베스의 이복 언니 메리도 세례식에 가지 않았다. 초대도 못 받았지만 초대를 받았다고 해도 어떻게든 구실을 만들어 가지 않았을 것이다.

*웨일스 지방은 1284년에 영국에 통합되었다. 영국은 웨일스의 통합을 기념하는 뜻에서 1301년부터 영국 왕세자에게 웨일스 공작이라는 작위를 내렸다. 헨리 8세는 엘리자베스가 태어나기 전에 메리를 매우 귀여워해서 메리를 웨일스 여공작으로 봉했다.

불쌍한 메리. 메리는 몇 년 동안 진짜로 불행했다. 젊은 앤 왕비는 하인들에게 메리가 건방지게 굴면 따귀를 세게 때려 주라고 명령했다. 캐서린이 암에 걸렸을 때에도 메리는 엄마를 만날 수조차 없었다.

한편 엘리자베스는 부모님의 사랑을 듬뿍 받으며 행복하게 지냈다. 아기 공주님은 깨끗한 피부와 붉은색 머리카락을 지닌 예쁜 아이였다. 앤 왕비는 왕비 전속 양재사를 시켜서 엘리자베스에게 어울리는 노란색과 녹색으로 된 비단과 공단으로 옷을 지어 입혔다.

엘리자베스의 세계: 공주라면 이 정도는 대접해 줘야지!

누가 엘리자베스를 돌보았을까?
엘리자베스는 세대 시녀장인 마거릿 브라이언의 보살핌을 받았다. 그리고 유모(부잣집 아이에게 젖을 주는 여자)와 보모(아이를 돌보는 여자)뿐 아니라, 수많은 남자 하인까지 거느렸다. 또 아주 어렸을 때부터 가정 교사(캣 애슐리)와 시녀들을 두었다. 자신의 전용 세대가 없어지고 엘리자베스의 시녀가 된 메리는 잔뜩 골이 났다.

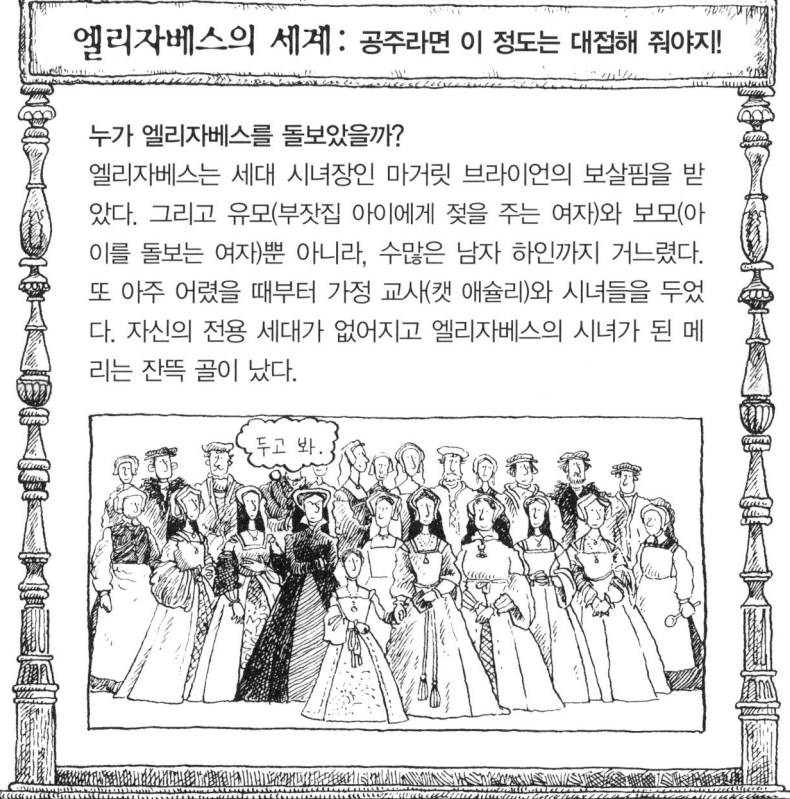

공주들은 왜 부모님과 함께 살지 않았을까? 그건 그 시절 법도가 그랬기 때문이다. 튜더 왕조 시대에 왕실의 아이들은 각자 세대가 따로 있어서 부모님과 떨어져 살았다.

그런데 왜 세대라고 했을까?
알아듣기 쉽게 '집'이라고 하면 좋겠지만 '세대'와 '집'은 전혀 다른 말이다. '세대'에는 시종, 시녀, 요리사, 설거지 하녀처럼 시중드는 사람과 음악 선생까지 딸려 있었다. 또 왕자와 공주들은 집이 한두 채가 아니었다. 엘리자베스만 하더라도 런던 북쪽의 해트필드, 런던 남쪽의 엘섬, 하트퍼드셔 주 헌스던에 집이 한 채씩 있었다.

왜 집이 세 채나 필요했을까?
그건 세대가 계속 이동했기 때문이다. 세대가 이동한 첫 번째 이유는 집안일을 하는 하인들의 일을 덜어 주기 위해서였다. 그래야 하인들이 집을 청소할 시간이 생기지! 두 번째 이유는 큰 세대는 한 마을에서 1년 동안 기른 식량을 모조리 먹어 치우고도 식량이 부족하다고 아우성을 쳤기 때문이다. 하지만 가장 중요한 이유는 아마 변소 냄새가 너무 지독했기 때문이다. 엘리자베스가 살던 시대에는 수세식 화장실 대신에 재래식 변소에서 나무판자를 놓고 볼일을 보았거든. 이런 재래식 변소를 수백 명이 함께 쓰면 얼마 안 가서 지독한 냄새가 나지 않았을까? 글쎄, 직접 상상해 보기 바란다!

헨리와 앤은 엘리자베스는 끔찍이 귀여워하면서 메리는 완전히 무시했다. 메리가 헨리는 영국 교회의 우두머리가 아니라고 딱 부러지게 말했기 때문이다. 그래서 헨리는 화가 머리끝까지 났다. 신성 로마 제국 대사는 메리의 고집스러운 행동 때문에 메리에게 이런 편지까지 썼다.

> 공주 전하께
>
> 저는 공주님의 친구로서 이 편지를 씁니다. 엘리자베스 공주님 세대가 이사를 할 때, 공주님이 불평을 하신다는 소문을 들었습니다. 행렬의 맨 앞에 세워 주지 않으면 한 발짝도 움직이지 않겠다고 고집을 부리셨다고요.
>
> 저는 국왕 전하의 진정한 후계자는 공주님이라고 굳게 믿고 있습니다. 공주, 부디 체통을 잃지 마시기 바랍니다. 소리를 지르고 떼를 쓰며 억지로 끌려가는 것보다는 당당하게 엘리자베스 공주님 뒤를 따라가는 편이 좋습니다.
>
> 부디 공주님 자신을 위해서 다시는 그런 소란을 피우지 마시길 바랍니다.
>
> 1535년 10월
> 공주님의 충실한 친구이자 충성스러운 하인
> 스타슈 샤퓌

메리는 대사의 충고를 절반만 지켰다. 대사의 말마따나 소리 지르고 떼쓰며 질질 끌려가지는 않았지만, 세대를 옮길 때마다 재빨리 뛰어가서 행렬의 맨 앞에 섰다.

영국 궁정에서 가장 중요한 가톨릭 국가의 대사는 프랑스 대사, 에스파냐 대사(에스파냐 카를로스 1세의 대표), 신성 로마 제국 대사(신성 로마 제국 카를 5세의 대표. 에스파냐의 카를로스 1세는 오스트리아와 네덜란드를 통치했던 신성 로마 제국의 왕위까지 물려받아 카를 5세가 되었다)였다.

1534년, 헨리는 의회에서 왕위 계승법을 통과시켰다. 왕위 계승법의 요점은 앤 불린이 낳은 아이만 영국의 왕위를 이을 정당한 후계자이고, 헨리가 영국 교회의 우두머리라는 것이었다. 그러니까 다들 알아서 넙죽 엎드리라는 거지!

숱한 유명인들이 왕위 계승법에 서명하기를 거부했다. 그리고 그 대가로 목숨을 내놓아야 했다.

카르투지오 수도회 수사들 목내사당하다

카르투지오 수도회 수사 세 명이 개처럼 런던 거리를 이리저리 끌려 다녔다. 그런 다음에 **목**을 매달고 **내장**을 들어내고 **사지**를 네 토막으로 자르는 무시무시한 벌을 받았다.

교황, 피셔를 추기경으로 임명하다

새 교황은 존 피셔 로체스터 주교를 교황의 오른팔인 영국 추기경으로 임명한다고 발표했다. 피셔는 왕이 캐서린 왕비와 이혼하는 것을 가장 크게 반대했던 사람이었다.

피셔 처형되다

오늘 로체스터 주교인 존 피셔 추기경은 고집을 꺾지 않아 처형대에서 목이 댕강 잘렸다.

토머스 경 처형되다

오랫동안 왕의 보좌관 노릇을 했던 토머스 모어 경도 어제 도끼 세례를 받았다. 토머스 경은 침착하게 죽음을 맞이했다. 사형 집행인이 도끼를 휘두르는 데 거치적거리지 않도록 감옥에서 텁수룩하게 기른 흰 수염과 머리카락을 손에 쥐고 있었다고 한다.

물론 어린 엘리자베스는 이런 사정을 까마득히 모르고 있었다. 그저 아늑한 방에서 피부색과 머리색에 어울리는 예쁜 옷을 입고, 이복 언니 메리의 공경을 몸소 받으며 행복하게 지냈다. 그러나 엘리자베스의 행복한 생활도 곧 끝장이 난다. 응석받이 공주 노릇도 얼마 남지 않았으니까 그때까지만이라도 즐기는 게 좋겠지?

앤 불린도 단두대로

앤 왕비는 보통내기가 아니었다. 성질도 고약한 데다가 남자들과 시시덕거리기를 좋아했다. 앤 왕비는 이번에는 아들을 낳았지만, 아이는 싸늘하게 죽은 채로 태어났다. 헨리는 캐서린 왕비를 버려서 하느님이 노하신 것이라고 생각했다. 하지만 캐서린은 이미 암에 걸려 죽었으니 후회해도 소용이 없었다. 헨리는 앤 왕비를 없애 버리고 다시 처음부터 시작하기로 마음먹었다. 그런데 이혼을 할 법적 구실을 찾는 것이 여간 쉽지 않았다. 자신이 캐서린 왕비를 버린 게 잘못이었다고 말하면 간단하잖아! 그러나 제멋대로인 헨리도 국민들에게 그런 변명이 통하리라고는 생각하지 않았다. 그래서 앤에게 남자가 있다는 죄를 뒤집어씌우고, 이것은 국가에 대한 반역죄라고 말했다. 반역죄에 대한 벌은 죽음뿐이었다!

남자친구 이야기는 모함이었지만, 어쨌든 앤은 재판을 받았고 부정을 저질렀다는 판결을 받았다. 앤의 남자라는 죄를 뒤집어쓴 남자들은 모조리 처형되었다.

이제 엘리자베스의 왕위 계승 순위를 가지고 왈가왈부할 법관들만 빼고, 아무도 엘리자베스에게 신경을 쓰지 않았다. 마침내 엘리자베스의 시녀장은 헨리의 보좌관인 토머스 크롬웰 경에게 불만을 털어놓았다.

튜더일보

1536년 5월 19일

앤 왕비 사형 집행

처형도 '프랑스식' 으로

오늘 영국의 앤 왕비가 처형되었다. 왕은 왕비의 간곡한 부탁에 따라 프랑스 사형 집행인을 불렀는데, 사형 집행인이 예정보다 이틀이나 늦게 도착했다. 그래서 오늘에서야 왕비의 처형이 거행되었다.

앤 왕비는 프랑스로 시집가는 영국 공주의 시녀로 따라가면서 세련된 프랑스의 궁정 생활을 한 바 있다. 앤 왕비가 귀국하자 여자를 우습게 보던 헨리는 프랑스 스타일의 독립적이고 도도한 앤 왕비에게 넋이 나가 결혼을 결심하였다. 끝은 이렇지만 아무튼 패션부터 음식까지 무엇이든 프랑스식을 좋아했던 왕비에게 안성맞춤인 처형이었다.

앤 왕비는 엘리자베스 공주 하나만을 남기고 죽었다. 엘리자베스 공주의 왕위 계승 순위가 어떻게 될지 아직은 알 수 없다.

> 크롬웰 경께
>
> 이제 엘리자베스를 어떻게 불러야 할지 모르겠어요. 엘리자베스는 아직 공주인가요? 시녀들에게 말해 주려면 제가 알아야 하지 않겠어요?
>
> 셸턴 시장은 엘리자베스가 다른 사람들과 같은 대우를 받고 다른 사람들과 함께 밥을 먹어야 한다고 했어요. 하지만 그건 좋지 않잖아요. 엘리자베스가 음식을 쏟거나 말썽을 부리면 어떻게 하죠? 그럼 모두가 볼 텐데요.
>
> 그리고 공주님에게 입힐 옷이 하나도 없답니다. 예전에 입던 옷이 모조리 작아졌는데, 옷감이나 옷감을 살 돈이 하나도 없어요. 제발 도와주세요.
>
> 1536년 6월
> 경의 충실한 하인
> 마거릿 브라이언

헨리는 너무 바빠서 엘리자베스의 옷처럼 사소한 문제까지 신경을 쓸 겨를이 없었다. 왕국을 다스리는 일만 해도 정신이 없었는데 다음 아내까지 꼬드겨야 하니 얼마나 바빴겠어?

헨리는 앤 불린이 죽은 후 한 달도 되지 않아서 새 아내를 맞이했다. 착하고 수줍음이 많은 세 번째 아내는 앤 불린처럼 프로테스탄트(개신교라는 의미로 '항의자'라는 뜻도 있음)인 제인 시무어였다.

제인은 헨리가 큰딸 메리와 화해하는 것을 도왔고 엘리자베스에게도 잘해 주었다. 게다가 헨리가 그토록 오랜 세월 동안 바라고 또 바랐던 것을 안겨 주었다.

> **엘리자베스의 비밀 일기 (네 살)**
>
> 1537년 10월 16일
>
> 남동생이 생겼다. 동생 이름은 에드워드다. 어제가 동생 세례식이었는데 난 세례식에서 동생을 따라다니며 세례복을 들어 주었다.

에드워드의 세례복은 네 살배기 엘리자베스가 혼자 들기에는 너무 무거웠다. 그래서 엘리자베스가 동생의 세례복을 들고 있는 동안에, 신하 한 명이 엘리자베스를 안아 주어야 했다.

에드워드는 프로테스탄트 식으로 세례를 받았다. 하지만 가톨릭 교도였던 메리가 에드워드의 대모가 되었다. 세례식이 끝나고 두 이복 자매, 엘리자베스와 메리는 손을 잡고 나란히 교회에서 걸어 나왔다.

그러나 튜더 가문의 행복한 시절은 오래가지 않았다. 제인 시무어는 제왕 절개술로 에드워드를 낳았는데, 당시에는 마취제나 항생제가 없어서 배를 가르는 제왕 절개술은 매우 위험한 수술이었다. 결국 제인은 수술 부위가 감염되어 죽고 말았다.

엘리자베스의 비밀 일기 (네 살)

1537년 10월 27일

에드워드가 태어난 지 12일 후에 에드워드 엄마가 열이 나서 죽었다. 아버지는 몹시 슬퍼하셨다.

헨리는 진짜 사랑한 여자는 제인밖에 없었다고 말하면서 제인의 죽음을 무척 슬퍼했다. 그리고 무덤 두 개를 나란히 준비해서 10년 후에 제인 옆에 묻혔다.

공부 벌레 공주님

 튜더 왕조 시대에는 어린이들이 눈 깜짝할 사이에 어른이 되었다. 여자아이들은 태어나면서부터 엄마와 똑같은 옷을 입었고, 남자아이들은 여섯 살이 되면서부터 아버지와 똑같은 옷을 입었다. 글을 배우지 않는 어린이들도 있었지만, 왕실 어린이들은 서너 살 때부터 읽기와 쓰기를 배웠다. 《토머스와 친구들》이나 《해리 포터》 같은 재미있는 책도 없었다. 어린이들은 처음부터 그리스 철학자가 쓴 책이나 성경처럼 딱딱한 책을 가지고 글을 배웠다. 쯧쯧, 그러니 엘리자베스가 여섯 살 때부터 마흔

살 난 여자처럼 의젓하다.'는 소리를 들었던 것이다.

엘리자베스의 비밀 일기 (다섯 살)

1538년 7월

이번 주에 남동생의 궁전에서 아버지를 만났다. 에드워드는 계속 징징댔다. 유모가 그러는데 이빨이 나느라고 볼따구니에 빨간색 반점이 생겨서 그런단다.

아버지는 내게 예쁜 아줌마들의 초상화를 보여 주면서 어떤 여자와 결혼하는 게 좋겠냐고 물었다. 나는 아버지가 마음에 드는 여자를 골라야 한다고 말했다.

아버지는 내 대답이 마음에 들었나 보다. 아버지는 껄껄 웃더니 좋은 대답이라고 말했다.

헨리는 또 새 아내감을 찾고 있었다. 뭐, 여자가 좋아서라기보다는 아들을 낳고 싶어서였다. 튜더 왕조 시대에는 아이들이 어려서 죽는 일이 아주 흔해서, 왕의 아들이 하나밖에 없다는 건 걱정거리였다. 그런데 헨리도 이제는 좀 늙어서 유럽을 누비며 아내를 찾고 싶지는 않았다. 그래서 다음 아내는 우편으로 주문할 생각이었다.

헨리는 유럽 각국의 공주들 중에서 신부 후보를 뽑았다. 그리고 궁정 화가에게 초상화를 그려 오라고 시켰다. 궁정 화가 한스 홀바인은 공주들의 초상화를 그리기 위해 길을 나섰다.

엘리자베스의 비밀 일기 (일곱 살)

1540년 4월

오늘 새엄마를 만났다. 새엄마의 이름은 우리 엄마처럼 앤이라고 했다. 새엄마는 클리브스의 공주다. 새엄마는 영어를 거의 못하지만, 난 새엄마가 정말 좋다. 내가 벌써 캣 선생님과 함께 프랑스어와 이탈리아어로 대화한다고 말했더니 새엄마는 깜짝 놀랐다.

새엄마가 자신은 노래나 춤도 좋아하지 않고 류트(기타와 비슷한 현악기)나 비올(바이올린과 비슷한 현악기)을 연주하는 것도 싫어한다고 말해서, 난 깜짝 놀랐다. 아버지가 그런 걸 얼마나 좋아하는데! 하지만 새엄마는 자수를 예쁘게 잘 놓는다면서 나에게도 가르쳐 주겠다고 했다.

새엄마는 정말 조용하고 생각이 깊은 분인데, 아버지를 조금 무서워하는 것 같다. 나는 에드워드에게 주려고 무명 셔츠를 하나 만들었다.

독일 클리브스의 앤 공주는 헨리와 잘 맞지 않았다. 헨리는 독일의 적이 되고 싶지 않아서 앤과 결혼했지만, 앤이 마음에 들지 않았다. 헨리의 기분이 언짢으면 어떤 일이 벌어질까?

엘리자베스의 비밀 일기 (일곱 살)

1540년 7월

아버지는 새엄마랑 결혼한게 큰 실수였다면서 이제부터 새엄마를 동생으로 삼겠다고 말했다. 아버지는 새엄마를 처음 보았을 때 궁정 화가가 그린 초상화하고 하나도 닮은 구석이 없어서, 심장이 덜컥 내려앉는 줄 알았다고 했다. 솔직히 난 새엄마가 초상화하고 똑같이 생겼다고 생각하지만, 감히 아버지 앞에서 그런 말을 꺼내지 않았다. 수석 장관인 토머스 크롬웰 경은 앤 고모가 예쁘다고 말했다가 감옥에 갇혔다.

앤 고모는 계속 영국에서 살 거란다. 고모는 나에게 바느질 가르치는 것을 좋아한다. 그리고 왕실 행렬 때 함께 가마를 타기로 약속해 주었다.

다음 아내는 누구?

헨리는 이번에는 앤 불린과 닮은 여자를 선택했다.

엘리자베스의 비밀 일기 (일곱 살)

1540년 8월

또 새엄마가 왔다! 이번에는 우리 엄마의 사촌이다. 새엄마 캐서린 하워드는 얼마 전까지 앤 고모가 왕비였을 때, 앤 고모의 시녀였다. 캣 선생님은 잘됐다고 말씀하신다. 아버지가 새엄마를 보면 우리 엄마가 생각날 테고, 엄마를 좋아했던 것처럼 새엄마를 좋아하니까 날 더 예뻐할 거라나.
난 우리 엄마가 어떻게 되었는지 정말 궁금하다.
그런데 엄마가 아버지와 왜 헤어졌고, 왜 죽었는지 아무도 이야기해 주지 않는다.

헨리의 새 아내 캐서린 하워드는 겨우 열아홉 살이었다. 꼬마 엘리자베스 공주는 캐서린과 친척이라는 이유로 결혼식 피로연에서 주빈 자리에 앉게 되었다.

아버지가 또 새엄마를 버리기 전에 얼른 먹어야지.

엘리자베스의 비밀 일기 (아홉 살)

1542년 1월

이번 새엄마도 친해지자마자 사라졌다. 아버지는 매우 슬퍼하며 화를 냈다. 새엄마가 수많은 젊은 귀족들과 시시덕거려서 아버지를 사람들 앞에서 바보로 만들었다고……

드디어 엄마가 어떻게 되었는지 알아냈다! 한 하녀가 캐서린 왕비와 앤 왕비가 똑같다고 말하자 다른 하녀가 이렇게 말했다. "아니야, 앤 왕비가 잘못했다는 건 증명되지 않았잖아." 그러고는 앤 왕비의 죄는 모조리 꾸며 낸 것이라고 말했다!

그러니까 엄마는 처형당했다는 말이다! 나는 이 이야기를 캣 선생님에게 전했다. 마음씨 착한 캣 선생님은 아주 엄숙한 표정을 짓더니, 이제 나도 진실을 알 때가 되었다고 했다. 그리고 아버지가 고집 센 엄마한테 화가 나서, 다른 여자와 결혼하려고 엄마에게 누명을 뒤집어씌웠다고 말해 주었다. 불쌍한 엄마는 칼로 목이 잘려 죽었단다.

캣 선생님은 아버지에게는 절대 이 이야기를 하지 말라고 했다. 아버지가 이 이야기를 들으면 불같이 화를 낼 거고, 캣 선생님은 런던탑에 갇힐 거라고 했다.

엄마나 다름없는 착한 캣 선생님을 곤란하게 해선 안 되지. 하지만 캣 선생님이 했던 이야기를 잊을 수가 없다. 그동안 나는 엄마가 처형당했다면, 정말 나쁜 짓을 해서 그랬을 거라고 생각했는데 그게 아니었다.

나는 절대로 결혼을 하지 않을 거다.

다음 왕비는 누구?

그로부터 다섯 달 뒤, 헨리는 마지막 아내를 맞이했다. 이번 아내는 다른 아내들과 달리 약간 나이 든 과부였는데, 헨리와 결혼하고 싶은 생각이 눈곱만큼도 없는 여자였다.

엘리자베스의 비밀 일기 (거의 열 살)

1543년 7월

아버지가 또 결혼했다. 난 이제 아버지가 지긋지긋하다. 아버지는 대체 아내가 몇 명이나 필요한 걸까? 그리고 새엄마들은 아버지를 어떻게 참고 봐주는지 모르겠다.

늙고 뚱뚱하고 못생기고 다리 궤양에서 지독한 냄새까지 풍기는 아버지가 뭐가 좋다고. 불쌍한 새엄마. 이번 새엄마는 어떻게 될까?

며칠 전에 또 하녀들의 이야기를 엿들었는데, 새엄마는 토머스 시무어 경을 사랑하고 있었고 아버지와 결혼하고 싶은 생각이 전혀 없었다고 한다. 하지만 거절하면 처형당할까 봐 겁이 나서 감히 아버지에게 싫다고 말하지 못했다지.

지독한 냄새를 풍기는 다리 궤양 →

엘리자베스는 매우 불행한 어린 시절을 보냈다. 엘리자베스는 아버지는 뭐든 마음 내키는 대로 할 수 있고, 아버지에게 잘못 보이면 무슨 일이 일어날지 모른다는 사실을 일찌감치 깨달

았다. 그래서 어릴 때부터 아무에게도 진짜 속마음을 털어놓지 않았다.

끝없는 수업

다행히도 엘리자베스의 불행한 일상을 위로해 줄 재미있는 수업들이 몇 개 있었다. 마지막 새엄마였던 캐서린 파는 에드워드 왕자에게 선생님들을 줄줄이 붙여 주었다. 덕분에 엘리자베스도 에드워드 옆에서 같이 배울 수 있었던 것이다. 그리고 나중에는 엄격한 로저 애스컴과 재미있는 토머스 그린들 선생님에게 공부를 배우게 되었다.

엘리자베스는 진짜 공부 벌레였다. 하품 나오는 종교시를 직접 번역하는 것이 스스로에게 주는 최고의 생일 선물이었다.

공부 벌레의 시간표를 힐끔 엿보도록 하자. 여러분과는 차원이 다름을 알 수 있다.

월요일	화요일	수요일	목요일	금요일
• 그리스어 성경 공부 고전 작품 번역: 그리스어 → 영어 고전 작품 번역: 영어 → 그리스어	• 그리스어 성경 공부 고전 작품 번역: 그리스어 → 영어 고전 작품 번역: 영어 → 그리스어	• 그리스어 성경 공부 고전 작품 번역: 그리스어 → 영어 고전 작품 번역: 영어 → 그리스어	• 그리스어 성경 공부 고전 작품 번역: 그리스어 → 영어 고전 작품 번역: 영어 → 그리스어	• 그리스어 성경 공부 고전 작품 번역: 그리스어 → 영어 고전 작품 번역: 영어 → 그리스어
점심	점심	점심	점심	점심
• 고전 작품 번역: 라틴어 → 영어 • 고전 작품 번역: 영어 → 라틴어 • 표랑스어 회화	• 고전 작품 번역: 라틴어 → 영어 • 고전 작품 번역: 영어 → 라틴어 • 이탈리아어 회화	• 고전 작품 번역: 라틴어 → 영어 • 고전 작품 번역: 영어 → 라틴어 • 에스파냐어 회화	• 고전 작품 번역: 라틴어 → 영어 • 고전 작품 번역: 영어 → 라틴어 • 라틴어 회화	• 고전 작품 번역: 라틴어 → 영어 • 고전 작품 번역: 영어 → 라틴어 • 라틴어 회화 (성공반)

체스

새엄마에게도 직접 번역한 종교시를 선물로 보내곤 했는데, 그때마다 이런 편지를 같이 보냈다. 겨우 열한 살밖에 안 된 엘리자베스의 편지를 읽어 보자.

> 분별 있는 존재에게 가장 불쾌한 것은 나약함과 게으름이며, 어느 철학자가 말한 것처럼 철과 같은 금속조차도 끊임없이 단련하지 않으면 녹이 슬 듯이, 인간의 지혜도 늘 공부로 단련하지 않으면 무디어져서 어떤 것도 완전하게 이해할 수 없음을 알고 있습니다. 이와 같은 사실에 비추어 볼 때, 저는 하느님이 주신 능력 가운데 아주 작은 부분만을 단련한 것입니다.

이 편지를 알아듣기 쉽게 번역해 보면 이렇다. "나는 약하거나 게으른 아이가 아니에요! 머리는 쓰라고 있는 것이지 장식용이 아니라는 걸 안다니까요. 그래서 난 머리를 써서 이렇게 시를 번역했어요."

고맙지만 안 그래도 되는데.

엘리자베스는 왜 지독한 공부 벌레가 되었을까?

1. 공부가 유행이었다

유럽 왕실의 여자들은 교육을 많이 받아서, 몇 가지 언어쯤은 예사로 줄줄 말했다. 아라곤의 캐서린은 공주 시절에 에스파냐의 유명한 학자들에게 배웠고, 영국으로 시집와서는 왕실에 공부하는 관습을 퍼뜨렸다. 그런데 그 시절에 왕족들이 배웠던 과목은 기껏해야 종교, 종교, 철학, 종교, 종교밖에 없었다. 예수가 태어나기 전에 살았던 역사학자나 철학자가 쓴 책을 읽는 이들은 프로테스탄트 중에서도 새로운 것을 좋아하는 사람밖에 없었다.

2. 집안 대대로 공부 벌레였다

엘리자베스의 증조할머니 마거릿은 프랑스어 책을 영어로 번역했다. 머리가 똑똑하지 않은 이복 언니 메리도 라틴어와 프랑스어와 에스파냐어쯤은 할 줄 알았다. 그러니 머리가 좋은 엘리자베스와 에드워드와 그들의 오촌 제인 그레이는 못하는 것이 없었다.

3. 태어날 때부터 천재였다

엘리자베스의 선생님들은 엘리자베스가 똑똑하다고 입에 침이 마르게 칭찬했다. 로저 애스컴 선생님은 엘리자베스에 대해서 이렇게 말했다.

쉽게 말해서 재주가 많은 멋진 여자였다는 뜻이다.

4. 너무 외로워서 공부밖에 할 게 없었다

엘리자베스는 늘 많은 사람들에게 둘러싸여 있었지만, 진짜 친구는 없었다. 엘리자베스는 공주였기 때문에, 주변에 있는 사람들은 모두 그녀의 하인이었다. 안심하고 속마음을 털어놓을 친구도 없었으니 책을 읽고 책에 대해 이야기하는 편이 훨씬 안전했다.

5. 똑똑하다고 칭찬받고 싶어서 공부했다

불쌍한 엘리자베스는 무시무시한 아버지 헨리에게 사랑받기를 원했다. 엘리자베스는 크리스마스 선물로 직접 만든 책싸개를 헨리에게 선물했다. 엘리자베스는 아버지의 칭찬을 받으려고 많은 시간과 정성을 들여서 선물을 만들었을 것이다. 지금도 영국에 가면 엘리자베스가 만든 책싸개를 구경할 수 있다.

6. 별로 할 일이 없었다

음, 튜더 왕조 시대의 어린이들은 아무리 공부가 지겨워도 텔레비전을 보며 빈둥댈 수가 없었다. 그래서 엘리자베스에게는 책이 유일한 오락거리였다. 하지만 엘리자베스가 요즘 세상에 태어나 여러분과 함께 학교에 다녔다면 공부뿐 아니라 운동도 아주 잘했을걸. 엘리자베스는 승마와 산책과 사냥을 좋아했고, 춤도 멋지게 잘 추었다.

지각 변동

헨리가 캐서린 파와 결혼한 뒤 몇 년 동안 엘리자베스는 대체로 안정된 삶을 살았다. 헨리는 에드워드가 태어나자 엘리자베스와 메리를 서자로 선언했지만, 두 딸을 에드워드와 똑같이 사랑했다.

엘리자베스의 세계 : 왕위 계승 순위

왕이나 왕비의 자식은 누구나 서열에 따라 다음 통치자가 될 자격이 있다. 이것을 가리켜 '왕위 계승권'이라고 한다. 그런데 사내아이는 갓난아이라고 하더라도 어른이 된 누나보다 왕위 계승 순위가 앞섰다.

여러분의 선조 중에 왕족이 있다면, 여러분도 왕위 계승 순위 어디엔가 이름이 올라가 있을 것이다. 왕위 계승 순위의 가장 첫 번째는 왕의 아이들이고, 그다음은 왕의 형제들(나이순), 왕의 형제의 아이들, 왕의 누이들(나이순), 왕의 누이의 아이들이다. 왕의 형제가 왕위에 오르면, 그 다음은 왕의 동생이 아니라 왕위에 오른 왕의 형제의 아이들이 우선순위권을 갖는다.

튜더 왕조 시대에 영국 사람들은 결혼을 많이 하고 자식도 많이 낳아서 쥐꼬리만 한 왕위 계승권을 가진 사촌과 아버지나 어머니가 다른 형제자매가 수없이 많았다. 대개 남편이나 아내가 먼저 죽었기 때문이고, 이혼은 매우 드물었다.

왕위 계승권을 가진 사람들이 결혼을 하려면 왕이나 왕비의 허락을 받아야 했다. 왕위 계승권이 아무리 쥐꼬리만 하다고 해도, 왕위 계승권이 있는 두 사람 사이에서 태어난 아이에게는 강력한 왕위 계승권이 생기기 때문이다.

왕비가 낳은 아이는 왕과 결혼하지 않은 여자가 낳은 아이보다 훨씬 강력한 왕위 계승권을 가지게 된다. 그래서 아이의 왕위 계승 순위는 아이의 엄마가 왕과 법적으로 결혼했는지에 따라서 백팔십도 달라진다.

영국 왕실의 가계도를 살펴볼까?

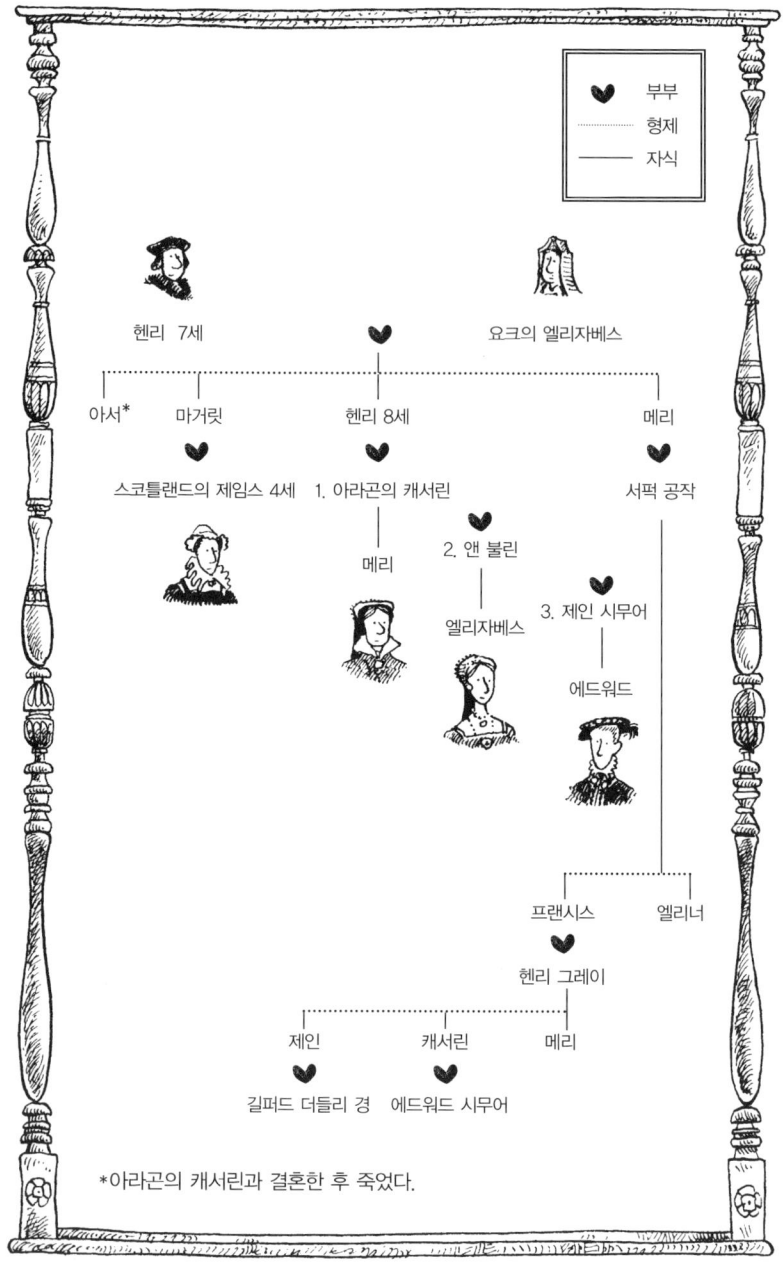

헨리는 건강이 좋지 않았다. 다리에 끔찍한 궤양이 생긴 후로 걸핏하면 짜증을 냈다. 헨리의 건강이 나빠지면서 엘리자베스의 생활도 곧 지각 변동을 겪게 된다.

튜더일보
1547년 1월 29일

헨리 왕 돌아가시다

에드워드 왕이시여, 만수무강하소서!

이제 허풍쟁이 헨리는 더 이상 허풍을 떨 수 없게 되었다. 헨리는 잠깐 동안 병을 앓다가 아홉 살 난 아들 에드워드에게 왕위를 물려주고 세상을 떠났다.

헨리가 쓰러진 것은 며칠 전이었다. 처음에 신하들은 헨리가 일어날 것이라는 희망을 품었다.

하지만 헨리는 점점 병이 깊어져 결국 어제 새벽에 세상을 뜨고 말았다. 당분간은 에드워드의 외삼촌인 서머싯 공작, 에드워드 시무어(에드워드 왕과 마찬가지로 프로테스탄트임)가 섭정*이 되어 영국을 다스릴 것이다.

서머싯 공작은 에드워드 왕이 직접 통치할 수 있는 나이가 될 때까지 섭정할 예정이다. 서머싯 공작이 오늘 에드워드 왕자와 엘리자베스 공주에게 헨리의 죽음을 전하자, 왕자와 공주는 크게 슬퍼했다고 한다.

헨리는 에드워드가 후계자를 남기지 못하고 죽으면, 메리 공주가 왕위를 계승하라는 유언을 남겼다. 메리 공주가 후계자 없이 죽으면, 엘리자베스 공주가 왕위를 계승하게 된다.

*섭정: 왕이 어려서 즉위할 때 왕 대신에 나라를 다스리는 사람이나 일을 뜻한다.

헨리가 죽었을 때 엘리자베스는 엔필드에 있었다. 서머싯 공작이 에드워드를 엔필드로 데려가서 남매에게 소식을 전해 주자 엘리자베스와 에드워드는 울음을 터뜨렸다. 엘리자베스와 에드워드는 아버지를 끔찍이 무서워하면서도 끔찍이 좋아했던 것 같다. 물론 앞으로 일어날 일이 겁나서 울기도 했겠지만. 원래 왕이 어린아이에게 왕위를 물려주고 죽으면 불안한 시대가 열리는 법이다.

불안한 시대

소녀가 열여섯이 되었을때, 라라라라 거친 비바람이 불었다네. 소녀는 쾌활한 해군 제독을 사랑했다네. 그러나 제독도 도끼날에 죽고 말았다네.

웬 개뼈다귀 같은 소리인지 모르겠네.

캐서린 왕비는 헨리가 죽었다는 소식을 듣고 기뻐했다.

휴! 드디어 보내 버렸어! 이제 내가 사랑하는 사람과 결혼해야지!

캐서린 왕비가 진심으로 사랑했던 사람은 섭정 에드워드 시무어의 동생인 토머스 시무어였다. 하지만 안타깝게도 토머스는 캐서린을 사랑하지 않았다. 그는 엘리자베스와 결혼하고 싶었다. 엘리자베스를 사랑해서가 아니라 권력을 사랑했기 때문이다! 특히 형인 에드워드보다 더 많은 권력을 원했다.

토머스는 형이 자신과 엘리자베스의 결혼을 허락하지 않을 것을 알고 있었다. 엘리자베스는커녕 캐서린과의 결혼도 허락하지 않을 판국이었다. 그래서 토머스는 형에게 말하지 않고 캐서린과 결혼했다. 토머스와 에드워드 형제가 서로 권력을 더 갖겠다고 다투는 동안, 두 동서는 왕실 행렬에서 서로 앞에 서겠다고 싸워 댔다.

캐서린은 토머스와 결혼해 템스 강변의 첼시 궁에서 엘리자베스와 함께 살았다.

엘리자베스의 비밀 일기

1547년 6월

캐서린 아줌마는 아버지가 죽은 후부터 얼마나 재미있어졌는지 모른다.

아버지 앞에서 말조심할 필요가 없어져서 그런지 우스운 농담도 정말 잘한다. 토머스 아저씨도 배꼽이 빠질 정도로 재미있다. 토머스 아저씨는 정말 잘생겼다. 아저씨는 늘 나를 간질이며 장난을 친다.

캣 선생님은 사람들이 오해할 수 있다면서 그러지 말라고 했다. 하지만 토머스 아저씨는 아무렇지도 않다는 듯이 "쓸데없는 소리 말아요. 그냥 장난이니까." 라면서 계속 날 간질이며 장난쳤다. 난 웃느라고 배가 아파서 제발 그만하라고 소리쳤다. 하지만 아저씨가 그만하지 않았으면 좋겠다.

엘리자베스의 비밀 일기

1547년 10월

캣 선생님은 토머스 아저씨가 그러는 건 날 사랑하기 때문이라고 말했다. 아저씨는 처음부터 캐서린 아줌마가 아니라 나와 결혼하고 싶어 했다는 것이다. 난 그 말을 믿을 수가 없다. 토머스 아저씨는 나보다 스무 살이나 많다. 난 아직 열네 살이고 아저씨는 벌써 서른여덟 살이니까 사실은 스무 살도 더 차이가 난다.

앞으로는 오촌인 제인 그레이도 여기서 함께 살게 되었다. 이제 제인과 함께 열심히 공부를 해야지.

토머스 시무어에게는 분명히 꿍꿍이가 있었다. 그는 형과 싸울 때 엘리자베스를 자기편으로 끌어들이려고 엘리자베스와 시시덕거렸다. 게다가 제인 그레이까지 이용했다.

헨리 7세의 증손녀인 제인을 에드워드 왕과 결혼시킬 작정이었다. 제인이 자기편이 되면 엄청난 권력을 가질 수 있다고 생각했으니까.

그러나 토머스의 계획대로 일이 술술 풀리진 않았다.

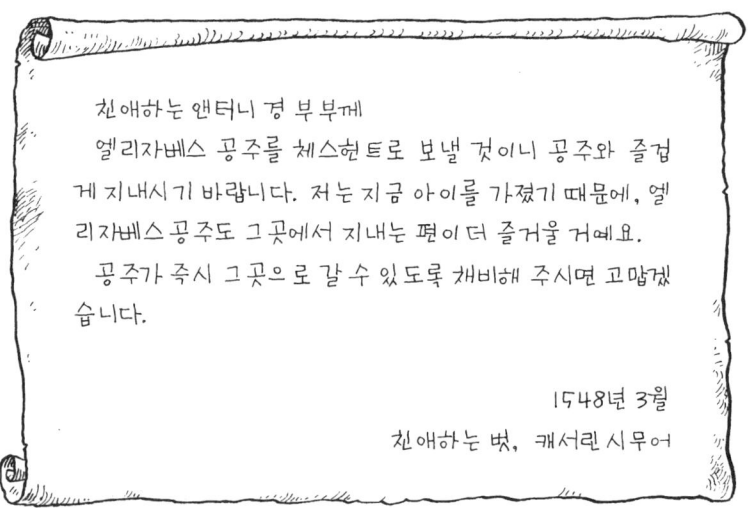

엘리자베스가 갑작스럽게 떠나게 된 진짜 이유는 토머스와 껴안고 있다가 캐서린에게 들켰기 때문이다. 캐서린은 일이 너무 커지고 있음을 알아채고 엘리자베스를 앤터니 경의 집으로 보냈다. 다섯 달 뒤에 캐서린은 산욕열*에 걸려서 죽었다.

*산욕열: 아이를 낳고 난 후 세균에 감염되어 생기는 병이다.

엘리자베스의 비밀 일기

1548년 10월

캣 선생님은 토머스 아저씨 이름이 나오면 내 얼굴이 빨개지고, 누군가 토머스 아저씨를 좋게 말하면 내 눈이 빛난다고 한다. 선생님 말이 맞다. 하지만 난 절대 맞장구 칠 생각이 없다. 캐서린 아줌마가 죽은 지 얼마 되지도 않아서 소문을 일으키고 싶지 않으니까. 하지만 토머스 아저씨는 잘생겨서 금방 임자가 생길 테니 그 전에 토머스 아저씨와 결혼해야 한다.

캣 선생님은 패리를 토머스 아저씨에게 보내서 결혼 문제를 의논해도 되느냐고 물었다. 나는 승낙하지 않았지만, 그렇다고 거절하지도 않았다(제발 승낙한 것으로 알아주었으면 좋겠다). 토머스 아저씨가 뭐라고 대답할까?

토머스 경 – 마침내 자유의 몸이 되다!

토머스 패리는 엘리자베스의 재정 책임자였다. 그는 토머스 시무어 경을 찾아가서 엘리자베스와의 결혼 이야기를 꺼냈다. 물론 토머스 시무어 경은 대찬성이었다. 그는 아마도 이렇게 생각하지 않았을까?

토머스는 에드워드 왕에게 용돈을 보내 에드워드 왕과 사이 좋게 지냈다. 한 번은 40파운드를 보낸 적도 있었다. 이건 당시로써는 엄청나게 큰 금액이었다. 게다가 제인 그레이를 자신의 집에 데리고 있었다. 제인은 엘리자베스와 달리 토머스를 좋아하지 않았지만, 제인의 가족은 토머스와 한통속이었다.

토머스는 근처의 영주들에게 병사를 얼마나 모을 수 있느냐고 물었다. 그 수를 모두 합해 보니 형에게 맞서 무장봉기를 일으킬 수 있을 것 같았다. 그러나 머지않아 토머스는 형에게 체포되었다.

사람들이 가장 궁금해한 것은 엘리자베스가 토머스의 계획을 알았느냐 하는 문제였다. 엘리자베스는 토머스와 한통속이었을까? 만일 그렇다면, 엘리자베스는 남동생 에드워드 왕과 섭정을 상대로 반역죄를 저지른 셈이다. 반역에 대한 벌은 죽음뿐이지! 결국 패리와 캣은 끌려가서 심문을 받았다.

로버트 티리트 경은 해트필드로 가서 엘리자베스를 심문했지만, 아무것도 알아내지 못했다.

엘리자베스 공주는 가정 교사 캣과 재정 책임자 패리와 함께 음모를 꾸몄다는 걸 인정하지 않았어. 어찌나 눈치가 빠른지 여간해서는 공주에게서 한마디도 들을 수가 없었지. 내 생각에는 세 사람이 절대 입을 열지 않기로 약속을 한 것 같아.

한편 캣 애슐리 선생 대신에 티리트 경의 아내가 엘리자베스의 새로운 가정 교사가 되었다. 엘리자베스는 샐쭉거리며 울더니, 캣이 아닌 다른 가정 교사는 필요 없다고 고집을 부렸다.

패리는 마침내 엘리자베스와 토머스 시무어의 결혼 이야기가 오갔다고 인정했다. 그러나 패리와 캣, 두 사람은 엘리자베스가 그 사실을 전혀 몰랐다고 주장했다.

그 시절에 섭정의 허락 없이 공주와 결혼하려는 것은 반역이었다. 토머스는 반역죄로 처형을 기다리는 신세가 되었다.

토머스는 진짜 먼지를 잉크로 썼다. 그는 신발 끈에 먼지를 묻혀서 편지를 쓰고, 하인의 신발 안에 편지를 꿰매어 런던탑 밖으로 빼돌렸다.

1549년 3월 20일, 토머스 시무어는 결백을 주장하며 처형대로 향했다.

토머스 시무어의 처형 소식을 들은 엘리자베스는 이렇게 말했다. "오늘, 재치는 있었지만 판단력이 부족했던 한 남자가 죽었다."

엘리자베스의 비밀 일기

1549년 4월

토머스 아저씨가 죽다니! 아저씨의 허풍과 어리석음 때문에 하마터면 나까지 죽을 뻔했다. 그런 사람과 결혼하려고 했다니! 내가 제정신이 아니었지. 토머스 아저씨가 날 사랑한다고 생각했다. 캣 선생님도 그렇게 말했고, 아저씨도 그렇게 행동했다. 그런데 이제 보니 날 이용해 권력을 얻으려는 속셈이었다.

이제부터는 더 조심해야겠다. 권력을 얻으려고 날 사랑하는 척하는 남자들이 앞으로도 얼마나 많이 있을까?

어쨌든 이번에는 운 좋게 살아남았다.

엘리자베스는 에드워드의 남은 재위 기간 동안 그리스어와 라틴어 공부에만 매달리며 얌전히 지냈다. 캣 애슐리와 토머스 패리도 런던탑에서 풀려나 몇 달 뒤에는 엘리자베스의 곁으로 돌아왔다. 토머스 시무어 사건이 사람들의 기억에서 흐릿해지면서 엘리자베스는 가끔 에드워드를 알현하게 되었다.

오늘 엘리자베스 공주(18세)가 에드워드 왕을 만나기 위해 궁정에 도착했다. 아버지를 쏙 빼닮은 붉은색 머리카락을 지닌 엘리자베스 공주는 평소대로 검은색과 흰색 옷을 입어 화려한 비단과 벨벳 옷으로 가득한 궁정에서 이목을 집중시켰다.

엘리자베스는 모범적인 프로테스탄트 소녀라는 것을 보여 주기 위해서 일부러 검은색과 흰색 옷을 입었다. 에드워드의 궁정은 프로테스탄트로 가득했기 때문에 메리는 궁정에 가는 것을 좋아하지 않았다. 에드워드는 아버지인 헨리보다 훨씬 열성적인 프로테스탄트였다.

한편 엘리자베스만큼 똑똑하고 공부를 좋아했던 에드워드는 몸이 쇠약해졌다. 에드워드는 피 섞인 기침을 하게 하는 결핵을 앓고 있었다. 에드워드가 오래 살지 못하리라는 것이 확실해지면서, 프로테스탄트들은 가톨릭 교도인 메리가 왕위에 오를 날을 두려워하기 시작했다.

제인 여왕

에드워드는 가톨릭 교도인 메리가 여왕이 되는 것을 원하지 않았다. 메리의 다음인 엘리자베스에게 왕관을 물려주는 대신, 수석 장관 노섬벌랜드 공작의 뜻대로 두 누나를 모두 건너뛰기로 했다. 에드워드는 메리와 엘리자베스는 서자이기 때문에 왕위를 계승할 수 없으며 자기가 죽으면 오촌인 제인 그레이(노섬벌랜드 공작, 존 더들리의 아들인 길퍼드 더들리의 아내가 되었음)에게 왕위를 물려주겠다고 말했다.

엘리자베스의 비밀 일기

1553년 7월

세상에 어쩜 이런 일이! 에드워드가 죽자 노섬벌랜드 공작은 아버지의 유언을 무시하고 제인 그레이를 영국 여왕으로 선언했다!

지난달 에드워드의 병문안을 가는 내게 오지 말라는 편지를 보낸 이유를 이제야 알겠다. 노섬벌랜드 공작은 내가 런던에 가서 그의 계획을 망치는 게 싫었던 거다.

메리는 왕위를 차지하려고 군대를 모으고 있다. 당연한 일이다. 내가 그들과 한통속이라고 생각하지는 않겠지? 나도 밀려난 건 마찬가지니까.

그래도 다른 사람들이 뭐라고 말할지는 아무도 모르는 일이다. 일이 어떻게 되어 가는지 확실히 알기 전까지는 침대에 누워서 꾀병을 부려야겠다.

메리는 애초에 노섬벌랜드 공작 아들과 결혼하거나 여왕이 될 생각조차 없었던 제인 그레이를 런던탑으로 보내 버렸다.

(즉위 9일 만에 메리에 의해 폐위된 제인 여왕, 폐위 1년 뒤에는 제인의 복위를 노리는 성공회 세력의 반역이 일어나자 메리는 제인이 다시는 위협이 되지 않도록 제인을 참수한다. 그래서 '비운의' 제인 그레이라고 불리는 것이다.)

　엘리자베스는 그 소식을 듣고 언제 아팠냐는 듯 훌훌 자리를 털고 일어났다. 그리고 언니에게 충성을 맹세하기 위해 기사 1000명을 거느리고 급히 런던으로 달려갔다. 사실은 너무 급하게 가는 바람에 메리보다 일찍 도착해 버렸다. 메리보다 엘리자베스를 훨씬 좋아했던 시민들은 엘리자베스를 보려고 구름떼같이 몰려들었다.

> 오늘 앤 불린의 딸 엘리자베스(20세)가 아르곤의 캐서린의 딸 메리 여왕(37세) 앞에 무릎을 꿇고 충성을 맹세했다. 메리 여왕은 수많은 수행원을 거느리고 런던 시의 관문에 도착했다. 이틀 전에 런던에 도착한 엘리자베스 공주는 기사 1000명과 벨벳 외투를 입은 수행원 100명을 이끌고 마중 나가 언니에게 충성을 맹세했다.
> 　헨리의 두 딸은 한때는 아옹다옹했지만, 오늘만큼은 새 여왕이 동생을 일으키고 안아 주며 다정함을 과시했다. 행렬은 다시 런던을 향해 출발했다. 엘리자베스 공주는 행렬에서 여왕 다음으로 높은 자리인 여왕 뒤에 섰다.

　엘리자베스는 단 한 번만 실수해도 모든 게 끝장난다는 사실을 알고 있었기에 신중하게 행동했다.

　한편 가엾은 제인 그레이와 제인의 남편 길퍼드 더들리는 공모자들과 함께 런던탑에 갇혀 재판을 기다리고 있었다. 그중에는 앞으로 엘리자베스가 자주 만나게 될 인물이 끼어 있었다. 바로 길퍼드의 형, 젊은 훈남 로버트 더들리 경이었다.

　대부분의 사람들은 노섬벌랜드 공작의 음모가 실패로 돌아간 것을 고소하게 생각했다. 공작의 음모 덕분에 오히려 메리는 상황이 유리해졌다. 왜냐하면 가톨릭 교도들은 물론이고 일부 프로테스탄트들까지도 단지 프로테스탄트라는 이유로 왕의 친척들까지 끼어드는 것보다는, 헨리의 직계 후손인 가톨릭 교도가 왕이 되는 편이 낫다고 생각하게 되었기 때문이다. 한편 메리는 엄청난 변화를 일으키기로 굳게 마음먹었다. 그리고 그 몇 년이 엘리자베스에게는 가장 힘든 시기가 되었다.

엘리자베스의 세계 : 가톨릭 교도와 프로테스탄트

16세기 유럽에서 가톨릭 교도냐 프로테스탄트냐 하는 것은 아주 중요한 문제였다. 당시에는 종교 때문에 전쟁이 일어나고 수많은 사람이 죽어 나갔기 때문이다.

가톨릭 교도와 프로테스탄트의 믿음이 어떻게 달랐는지 궁금하다면 다음을 눈여겨보자.

가톨릭 교도의 믿음
교황은 성 베드로의 직계 후계자이며, 사생활이 아무리 엉망진창이라고 해도 교황이 하는 말은 언제나 옳다.

보통 사람들은 멍청해서 하느님이 바라는 것을 모른다. 그래서 성직자의 도움이 필요하다.

프로테스탄트의 믿음
가톨릭 교회와 교황은 타락했으며 설교대로 실천하지 않는다. 따라서 교황의 공식 포고는 무효다.

누구나 하느님과 직접 만날 수 있다. 성직자는 필요 없다.

성경은 라틴어로 쓰여야 한다.

성경은 보통 사람들이 이해할 수 있도록 모든 언어로 번역되어야 한다.

성직자는 결혼해서 아이를 낳을 수 없다.

성직자도 결혼해서 아이를 낳을 수 있다.

주교는 멋진 예복을 입고 의식과 음악과 향을 이용해 신도들에게 사랑과 경외심을 불러일으켜야 한다.

예배는 간단해야 한다. 가톨릭처럼 복잡하고 겉치레적인 의식은 필요 없다.

영국의 상황은 이보다 더 복잡했다. 헨리가 진심에서 우러나와 프로테스탄트가 된 것이 아니었기 때문이다. 헨리는 교황이 캐서린과 이혼하는 것을 허락해 주지 않았기 때문에 스스로 영국 교회의 우두머리가 되었다. 그러나 그의 교리는 프로테스탄트보다 가톨릭에 훨씬 가까웠다. 반면에 에드워드는 나이는 어렸지만 독실한 프로테스탄트였다.

그 후 100년간 프로테스탄트는 더욱 극단적으로 흐르면서, 여러 종파로 나뉘었다.

예를 들어 프로테스탄트의 한 종파인 청교도는 노래와 춤이 죄악이라고 믿었다. 그러니까 교회에서 음악을 연주하거나 극장에 가거나 멋진 옷을 입거나 재미있게 노는 것은 모두 나쁘다고 생각했다는 뜻이다.

자매의 대결

에드워드가 죽고 메리가 여왕이 되면서 엘리자베스는 고생길에 접어들었다.

메리는 헨리가 자신의 친어머니, 캐서린과 이혼한 뒤부터 생긴 모든 일들을 지워 버리고 싶었다. 그래서 우선 엘리자베스를 서자로 선언하고, 엘리자베스는 자신의 뒤를 이어 영국 여왕이 될 수 없다고 말했다(헨리도 엘리자베스를 서자로 선언했지만, 유언장에는 엘리자베스를 메리의 후계자로 정했다).

메리는 교황이 다시 영국 교회의 우두머리가 되기를 원했다.

그리고 라틴어로 쓰인 성경으로 예배를 보고, 성직자의 결혼을 금지했던 옛 시절로 돌리고 싶었다.

그러나 영국이 헨리의 강요로 가톨릭 교회와 결별한 지 벌써 20여 년이 지났고, 그동안 세상은 완전히 변했다. 많은 성직자들이 결혼을 했고, 교회 소유의 땅이 팔려 나갔다. 국민들은 영어로 번역된 성경을 읽는 것에 익숙해졌다. 하지만 메리는 시계를 거꾸로 돌리기로 굳게 마음먹었다. 필요하다면 무력을 써서라도 모든 사람들을 가톨릭 교도로 만들 작정이었다. 어차피 가톨릭 교도가 아닌 사람들은 죽으면 지옥에 떨어지니까, 따지고 보면 큰 은혜를 베푸는 셈이라고 생각했다.

메리는 우선 궁정부터 손을 댔다. 이제부터 엘리자베스를 포함해 궁정 사람이라면 누구나 미사를 가는 것으로!

엘리자베스의 비밀 일기

1553년 9월

궁정에서 미사에 가지 않는 사람은 앤 고모와 나밖에 없단다. 오늘 아침에 못된 신성 로마 제국 대사, 시몽 르나르가 내게 말했다. 그는 분명 언니한테도 그 사실을 말했을 것이다. 언니는 나에게 점점 차갑게 대한다. 난 어떻게 해야 할까? 미사에 가지 않으면 큰 곤경에 처하게 되는데……. 하지만 미사에 가면, 지금 내 편인 프로테스탄트 귀족들이 등을 돌릴 것이다. 아직 난 프로테스탄트 귀족들의 도움이 필요없다. 오히려 거리를 두는 편이 좋겠다. 성미 급한 어떤 멍청이가 반란을 꾀하다가 내 이름을 팔지도 모를 일이다.

가톨릭 교리를 배우게 해 달라고 언니에게 부탁할 생각이다. 그러면 언니도 좋아하겠지.

엘리자베스는 메리에게 가톨릭 교리를 배우게 해 달라고 말해 놓고 잔뜩 변덕을 부렸다. 오늘은 종교의 '바른 길로 인도해' 줄 선생님을 보내 달라고 애원했다가, 내일은 게으름을 피워 진심이 아니라는 걸 프로테스탄트들에게 알리는 식이었다.

메리는 엘리자베스의 거짓말을 꿰뚫어 보았다. 원래부터 엘리자베스를 그다지 좋아하지 않은 데다가 엘리자베스가 자기보다 인기가 많은 것도 못마땅했다. 엘리자베스가 여왕이 되지 못하게 막는 방법은 두 가지였다. 엘리자베스를 처형하거나, 메리가 아이를 낳는 것이었다.

다만 메리의 나이가 좀 많다는 게 문제였다. 메리는 결혼할 생각이 없었지만 신하들은 메리가 결혼하기를 원했고, 영국인 신랑감까지 마련해 두었지롱.

이름: 에드워드 코트니
작위: 데번 백작
종교: 가톨릭
나이: 26세
키: 178cm
가문 배경: 에드워드 4세의 증손자. 아버지는 가톨릭 반란을 지지한 죄로 헨리에게 처형되었다. 어머니는 15년 동안 런던탑에 갇혀 있다가 풀려난 후, 지금은 메리 여왕의 시녀로 지내고 있다.

메리는 코트니 경과 결혼하고 싶지 않았다. 그때 메리의 사촌이자 절친한 친구였던 신성 로마 제국의 카를 5세(에스파냐의 카를로스 1세)가 자기 아들인 에스파냐의 펠리페 왕자를 신랑감 후보로 추천했다. 펠리페는 메리보다 젊고 매력이 넘쳤다. 메리는 펠리페를 보고 갑자기 결혼 생각이 솟구쳤다.

국민은 여왕이 에스파냐인과 결혼하는 것을 원치 않았다. 국민들은 에스파냐 특사들이 결혼 협정에 서명하러 왔을 때 반기지 않았다. 수습공 소년들은 특사들에게 눈덩이를 던졌다.

와이엇 반란

즉위 여섯 달 만에 메리 여왕의 인기는 바닥에 떨어졌다. 많은 국민들은 엘리자베스가 여왕이 되기를 바랐다. 이렇게 메리의 인기가 떨어지면서, 일부 프로테스탄트 귀족들은 반란을 일으키기로 작정했다.

> 엘리자베스 공주님께
> 공주님께 좋은 소식을 알려 드립니다. 수많은 지지자들이 무기와 병사들을 약속해 주었습니다. 부디 에드워드 코트니 경과 결혼하시어 코트니 경과 대영 제국을 공동 통치해 주시옵소서.
>
> 1553년 12월
> 공주님의 가장 충성스러운 하인
> T. 와이엇 (준남작)

유명한 시인 토머스 와이엇의 아들인 토머스 와이엇 경은 엘리자베스의 답장을 받지 못했다. 훗날 엘리자베스는 와이엇의 반란 음모를 전혀 몰랐다고 주장했다. 그러나 엘리자베스도 반란군과 한패였을 것이다.

그렇지 않았다면 왜 군대를 모았겠는가?

그러나 가엾은 와이엇은 에드워드 코트니(메리는 코트니의 구혼을 거절하고 펠리페와 결혼했다)에게 배신을 당하고 말았다.

> 엘리자베스 공주님께
> 에드워드 코트니가 저희를 배신했습니다. 공주님께서는 런던에서 멀리 떨어진 곳으로 피하시는 편이 안전할 겁니다. 전 아침에 런던으로 진격합니다. 진격하는 것밖에 달리 방법이 없습니다. 반란에 성공하지 못하면 목이 잘릴 형편이니까요.
> 공주님께 신의 은총이 함께 하시기를. 일이 성공한 뒤에 뵙게 되기를 바랍니다.
>
> 1554년 1월
> 공주님의 가장 충성스러운 하인
> T. 와이엇

 이제 불쌍한 엘리자베스는 목숨이 왔다 갔다 하는 위험한 상황에 빠졌다. 만일 도망간다면, 와이엇과 한통속이었다는 것을 증명해 주는 꼴이 된다. 그렇다고 런던으로 달려가 메리 여왕에게 아첨한다면, 동료를 배신하는 꼴이 된다. 다행인지 불행인지, 엘리자베스는 갑자기 신장이 아파서 꼼짝달싹도 못하게 되었다. 어쩌면 스트레스 때문에 병이 난 건지도 모르겠다. 어쨌든 엘리자베스는 몸이 잔뜩 부어오른 채 고열에 시달리며 침대에서 뒤척였다.

와이엇은 런던에서 체포되었다. 하지만 메리 여왕은 와이엇의 수많은 지지자들을 모두 체포할 수는 없었다. 게다가 와이엇의 지지자들은 어린이들이었다.

튜더일보
1554년 3월 5일

펠리페 '처형되다'

어제 런던 시민들은 연극을 통해 메리 여왕과 펠리페 왕자에 대한 감정을 노골적으로 드러냈다.

우선 학생 300명이 들판에 모여 여왕과 토머스 와이엇 경의 전투를 재현했다. 학생들은 한 시간 동안 치열한 전투를 벌인 끝에 펠리페 왕자의 목을 대롱대롱 매달았다.

국민의 사랑을 한몸에 받는 엘리자베스는 메리에게 위험한 존재였다. 메리는 엘리자베스가 와이엇의 반란에 가담했다고 철석같이 믿고 엘리자베스에게 서슬 퍼런 명령을 내렸다.

엘리자베스는 너무 아파서 언니의 부름에 응할 수 없었다. 그래서 잔뜩 겁을 먹은 채 침대에 누워 런던에서 소식이 들려오기만을 기다렸다. 곧 좋지 않은 소식이 왔다. 와이엇이 에드워드 코트니 경과 니콜라스 스록모턴 경 등 다른 공모자들과 함께 체포되어 런던탑에 갇혔다는 것이었다. 메리는 엘리자베스가 오지 않자 더 무시무시한 편지를 보냈고, 마침내 엘리자베스가 꾀병을 부리는지 알아보려고 의사들을 보냈다.

꾀병이 아닌 건 확실했다. 엘리자베스는 창백하고 기운이 없었다. 하지만 의사들은 그 정도면 런던으로 가는 데는 아무 문제 없다면서 엘리자베스를 가마에 태워 런던으로 데려갔다. 엘리자베스는 런던에 도착하자 시민들이 볼 수 있도록 가마의 커튼을 열었다. 런던 시민들은 흰옷 차림으로 쿠션에 기댄 엘리자베스를 보고 환호하며 공주의 건강을 기원했다.

엘리자베스는 화이트홀 궁에 도착한 후 사람들을 멀리하고 혼자 지냈다. 메리 여왕은 엘리자베스를 거들떠보지도 않았다. 메리가 신뢰하는 신성 로마 제국 대사 시몽 르나르는 엘리자베스가 반란을 꾸몄다고 생각했다. 메리는 그의 말이라면 팥으로 메주를 쑨다고 해도 믿었다.

그러나 엘리자베스는 어떤 것도 글로 남기지 않았기 때문에, 엘리자베스의 반란 혐의를 증명할 수가 없었다. 엘리자베스가 창문 유리에 썼던 글을 살펴보자.

런던탑으로 끌려가다

와이엇은 3월 15일에 사형 선고를 받고, 런던탑으로 끌려와 처형을 기다리고 있었다. 그로부터 이틀 뒤, 무장 호위대가 엘리자베스를 데리러 왔다. 엘리자베스를 데려간 호위대는 시민들의 눈에 띄는 거리로 엘리자베스를 데려가지 말라는 명령을 받았다. 그래서 배를 타고 템스 강을 건너 런던탑으로 갈 작정이었다.

엘리자베스의 비밀 일기

1554년 3월 17일

나는 호위대의 이야기를 듣고 여왕의 체포 영장을 보았다. 공포로 온몸이 얼어붙었다. 그 순간 내 가슴을 후벼 냈던 끔찍한 처형 사건들이 줄줄이 떠올랐다. 불쌍한 우리 엄마. 젊고 예뻤던 엄마의 사촌 캐서린. 나를 간질이며 웃겨 주었던 불쌍한 토머스 아저씨. 결국 지난주에 처형된 제인과 길퍼드. 쩨쩨한 언니가 돈을 아끼려고 제인을 죽인 사형 집행대에서 날 죽일지도 모른다는 생각까지, 별별 생각이 다 들었다.

난 시간을 끌어야 했다. 절대 런던탑으로 가면 안 된다. 일단 런던탑에 들어가면 절대 나올 수 없으니까. 분명히 도끼에 목이 날아가거나 언니에게 독살당할 것이다. 난 종이와 펜을 달라고 부탁해서 언니에게 편지를 썼다. 와이엇의 반란 음모는 전혀 모르는 일이니 제발 만나 달라고 애원했다.

언니를 만날 수만 있다면 내가 충성스러운 동생이라고 설득할 수 있을 텐데. 나는 편지를 다 쓰고 나서, 다른 사람이 내용을 추가해 내가 쓴 것처럼 꾸미지 못하도록 편지지에 대각선을 열 개쯤 그었다.

내가 생각했던 대로 편지를 다 쓰니까 시간이 너무 늦어져서 템스 강의 조수가 바뀌었다. 오늘은 배를 타고 런던 다리 밑을 지나갈 수가 없다. 덕분에 런던탑으로 가는 운명을 최소한 내일까지는 연기한 셈이다.

내일이 되면 메리가 내 편지를 읽을 것이다. 언니가 내 말을 믿어 주었으면 좋겠다. 부디 언니가 인정을 베풀기를. 그렇지 않으면 내 죽음도 멀지 않았다.

메리는 엘리자베스 일행이 조수를 놓쳐서 런던탑으로 출발하지 못했다는 소식을 듣고, 편지를 쓰도록 허락한 호위대에 불벼락을 내렸다. 그리고 당장 엘리자베스를 런던탑으로 이송하라는 명령을 보냈다.

튜더일보
1554년 3월 18일

엘리자베스 공주 런던탑에 갇혀…

오늘 엘리자베스 공주가 메리 여왕의 명령에 따라 뚜껑이 덮인 배를 타고 런던탑으로 출발했다.

엘리자베스는 런던탑에 도착하자 배에서 내리지 않겠다고 고집을 부렸다. 하지만 결국 등을 떠밀려 내릴 수밖에 없었다. 누군가 건네준 외투도 받지 않고, 젖은 층계에 앉아 억수같이 내리는 비를 맞으며 한사코 런던탑 안으로 들어가지 않았다.

시종 한 명이 엘리자베스가 처형될까 봐 겁을 먹고 울음을 터뜨리자 엘리자베스는 화를 내면서 '공주가 시종을 위로하는 게 아니라, 시종이 공주를 위로해야 하는 법'이라고 말했다. 엘리자베스는 비에 흠뻑 젖어 더 이상 참을 수 없는 지경이 되자 결국 포기하고 런던탑으로 들어간 것으로 알려졌다.

공주가 언제까지 런던탑에 머무를 예정이냐는 질문을 받은 런던탑 책임자는 대답을 회피했다.

현재 런던탑에 갇혀 있는 유명한 죄수로는 토머스 와이엇(사형 선고를 받고 처형을 기다리고 있음)과 로버트 더들리가 있다. 즉위한 지 9일 만에 폐위된 제인 그레이와 제인의 남편 길퍼드 더들리는 지난달에 처형되어 방을 비웠다.

결국 엘리자베스의 방문은 잠기지 않았다. 하지만 엘리자베스는 런던탑 안팎에 있는 누구와도 연락할 수 없었다. 메리에게 편지를 쓸 종이와 펜을 달라고 부탁했지만 결국 거절당했다. 메리가 이렇게 말해 두었기 때문이다.

엘리자베스는 메리가 자기를 죽일 거라고 생각하며 공포에 질려 있었다. 와이엇이 다른 반란 공모자들과 함께 여전히 고문을 당하고 있었기 때문이다. 지독한 고문을 당하면 못할 말이 어디 있겠는가?

그리고 마침내 4월 11일에 와이엇이 처형되었다.

와이엇이 처형되기 직전에 늘어놓은 이 연설은 런던 전역으로 들불처럼 퍼져 나갔다.

튜더일보
1554년 4월 13일

런던 시민 칼을 쓰다!

어제, 런던 시민 잭 터너(43세)와 자일스 부처(27세)는 와이엇의 연설 내용을 퍼뜨려, 하루 동안 칼을 쓰는 벌을 받았다. 소식을 들은 런던 시민들은 크게 분노했으며 수많은 시민들이 두 사람 옆에 서서 썩은 야채와 돌 세례를 몸소 막아 주었다.

이틀 전 반역죄로 처형된 와이엇 경은 '엘리자베스는 반란과 아무 관련이 없다'며 런던탑에 갇혀 있는 엘리자베스의 석방을 요구했다.

이름을 밝히지 않은 한 노인은 이렇게 비판했다. "그들은 진실을 말한 죄로 칼을 쓰게 된 거예요. 그들이 옳아요. 엘리자베스 공주를 런던탑에 가두면 안 되죠. 여왕은 엘리자베스 공주를 풀어 주고 공주에게 용서를 빌어야 해요."

와이엇의 머리통 두 번 사라지다

장대에 꽂혀 있던 토머스 와이엇의 머리통이 어제 감쪽같이 사라졌다. 당국은 경비병들을 심문해 머리통의 행방을 찾는데 신경을 곤두세우고 있다. 아마도 와이엇 지지자의 소행인 것 같다.

니콜라스 경 무죄로 드러나

런던 시민들은 어제 기쁨을 감추지 못했다. 스록머턴 경이 와이엇 반란 음모와 관련이 없다는 판결이 내려졌기 때문이다. 열두 명의 선량한 배심원들은 단 세 시간 만에 니콜라스 경의 유죄를 뒷받침할 충분한 증거가 없다는 판결을 내렸고, 니콜라스 경은 런던탑에서 풀려났다.

메리는 스록머턴 경이 무죄 판결을 받으면, 신성 로마 제국 대사가 뭐라 말하건 엘리자베스를 유죄로 만들 수 없다는 사실을 알았다. 하지만 메리가 엘리자베스를 처리할 방법을 고민하는 동안에 엘리자베스는 여전히 런던탑에 갇혀 지냈다.

엘리자베스는 책과 필기도구도 없이 런던탑에서 갇혀 지내다 보니 무척 지루했다. 그래서 운동이라도 할 수 있게 해 달라고 부탁하여 복도를 거닐어도 좋다는 허락을 받았다. 그리고 벽으로 둘러싸인 작은 정원에서 산책해도 좋다는 허락까지 받아 냈다.

한 소년이 정원에서 산책하는 엘리자베스를 찾아와 꽃을 주곤 했는데, 존 케이지 경은 누군가 소년을 통해 엘리자베스에게 몰래 편지를 전달할지도 모른다고 생각했다. 그 뒤 엘리자베스는 다시는 소년을 만나지 못했다.

엘리자베스의 비밀 일기

1554년 5월

다시 글을 쓸 수 있어서 얼마나 좋은지 모른다. 일주일 전에는 정말 무서웠다. 글쎄, 발자국 소리가 들려 밖을 내다보니 병사들의 모습이 보였다. 병사들이 날 처형하러 온 줄 알고 얼마나 겁을 먹었는지 모른다. 그런데 사형집행대를 만드는 뚝딱거리는 소리가 들리지 않아, 제인이 처형된 집행대가 아직 그대로 있냐고 물었더니 벌써 치웠다는 대답만 돌아왔다.

그러면 왜 병사들이 왔을까? 런던탑의 새로운 책임자를 모실 호위대가 온 것이었다. 새로운 책임자가 누구냐고 묻자, 경비병은 헨리 베딩필드 경이라고 대답했다. 메리가 귀찮은 재판을 생략하고 날 조용히 죽이려고 베팅필드를 보냈는지도 모르겠다.

베딩필드는 원칙을 지키는 선량한 사람이었지만, 엘리자베스에게 매우 엄격하게 대했다. 그는 여왕이나 장관들이 편지를 보내서 사인을 주기 전까지는, 엘리자베스에게 그 어떤 것도 허락하지 않았다. 하지만 그의 동료였던 테임 남작 존 윌리엄스는 엘리자베스를 좋아해서 엘리자베스에게 친절히 대해 주었다. 다행히 메리도 태도를 조금 누그러뜨리고 엘리자베스를 우드스턱 궁으로 옮기라고 명령했다. 명령을 받은 베딩필드와 윌리엄스는 가는 길에 테임에 있는 윌리엄스의 집에 들르기로 계획했다.

사랑하는 아내에게

　나는 지금 윈저에서 편지를 쓰고 있소. 오늘 밤 베딩필드와 나는 엘리자베스 공주와 함께 이곳에 묵을 것이오. 내일이나 늦어도 모레쯤이면 집에 도착할 예정이니 공주의 환영 준비를 잘해 주기 바라오. 엘리자베스는 똑똑한 아가씨지만 지금은 두려움에 떨고 있다오. 상황이 어떻게 돌아가는지 아무도 말해 주지 않으니 그럴 수밖에. 엘리자베스는 누가 자신을 해치지 않을지 늘 두려워하는 것 같소.

　베딩필드는 엘리자베스에게 우드스턱 궁으로 간다는 말을 하지 않았소. 엘리자베스는 내가 가마와 수행원 100명을 데리고 나타났을 때, 비로소 런던탑에서 나간다는 사실을 알게 되었소. 엘리자베스는 가마에 타며 내게 두려움이 가득한 눈으로 "난 오늘밤에 죽겠군요."라고 말했소. 나는 공주를 안아 주며 우드스턱 궁으로 가는 거라고 말해주고 싶었지만, 베딩필드가 옆에 있어서 그럴 수가 없었다오. 그래서 나와 함께 있으면 끔찍한 일이 생기진 않을 거라고만 말했소.

　어떻게 된 일인지 영문은 모르지만, 우리가 윈저에 도착했을 때쯤에는 사람들은 거리에 몰려들어 가마 안으로 음식을 건네고 꽃을 던지며, "전하, 만수무강하소서."라고 외쳤소.

　엘리자베스는 윈저에 도착한 뒤 가마에서 내리며 내게 물었소. "내가 곧 죽을 거라서 이러는 건가요?" 나는 이때다 싶어서 공주님은 죽지 않는다고 말했소. 도끼날도 없고 독약도 없다고 말이오. "공주님은 우드스턱 궁으로 가실 겁니다. 내일밤에는 제 집에서 식사하고 주무시게 될 겁니다."

　당신에게 이 편지를 급히 보내니, 어서 채비를 해 주시오.

　　　　　　　　　　　　　　　1554년 5월 18일
　　　　　　　　　　　　　　　사랑하는 남편 존

엘리자베스 공주 일행은 윌리엄스의 집에 머무른 뒤에 낡은 우드스턱 궁을 향해 떠났다. 엘리자베스는 우드스턱 궁에 도착해서도 여전히 갇혀 지냈고 여왕에게 편지를 쓸 수 없었다. 하지만 그토록 무서워하던 런던탑에서 빠져나온 것만 해도 다행이었다. 우드스턱 궁에는 방이 부족해서 공주의 수행원들은 근처 여관에서 지냈다. 베딩필드는 궁전을 드나드는 숱한 사람들 중 누군가 코앞에서 반란을 꾀할까 봐 걱정이 되었다.

에스파냐의 펠리페 왕자 - 엘리자베스 편으로 돌아서다

그로부터 두 달 뒤에 약혼자 펠리페를 만난 메리는 미친 듯이 사랑에 빠졌다. 하지만 안타깝게도 펠리페는 아니었다. 펠리페는 약속대로 메리와 결혼했지만 메리를 전혀 좋아하지 않았다.

펠리페는 모든 사람들이 입을 모아 재치가 있다고 칭찬하는 엘리자베스를 만나 보고 싶었다. 메리는 안 된다고 거절했지만, 펠리페는 지지 않고 고집을 부렸다. 단순히 호기심 때문만이 아니었다.

그 시대 기준으로 보면, 메리는 나이가 많아 아이를 낳기가 어려웠다. 어찌해서 임신을 한다고 해도 아이를 낳다가 죽을 가능성이 많았다. 그렇게 되면 엘리자베스가 여왕이 된다. 펠리페의 아버지인 신성 로마 제국 카를 5세는 미래를 대비해 엘리자베스를 에스파냐 편으로 묶어 두려고 했다.

마침내 메리는 펠리페의 요구대로 엘리자베스를 햄프턴 궁으로 불러들였다.

엘리자베스의 비밀 일기

1555년 4월 15일

좋은 소식이다! 며칠간 아무도 만나지 못하고 갇혀 지냈는데 오늘 시녀 한 명이 찾아왔다. 시녀는 내게 아름다운 드레스를 입으라고 하더니 형부가 날 만나러 올 거라고 말했다. 난 누구를 말하는 건지 몰라서 잠깐 어리둥절했다. 메리가 결혼했다는 게 아직도 실감이 나지 않았다. 내가 드레스를 입자 시녀는 내 머리를 손질해 주었다.

30분쯤 기다린 뒤에야 펠리페가 도착했다. 펠리페는 금발에 수염을 기른 잘생긴 남자였다. 내가 무릎을 굽혀 공손히 인사하자, 그는 내가 키스할 수 있도록 손을 내밀었다.

그리고 나를 일으켜 세웠다. 우리는 잠깐 동안 이야기를 나누었다. 나는 와이엇 반란에 가담하지 않았다는 것을 언니에게 잘 말해 달라고 부탁했다. 펠리페는 언니가 내년 초여름에 아기를 낳을 예정이라고 말했다.

펠리페는 내 얼굴에 드러난 놀란 표정을 본 것 같다. 그리고 스스로도 이 소식이 믿기지 않는다는 듯이 눈을 동그랗게 떴다. 하지만 그 이야기는 더 이상 하지 않았다. 대신에 펠리페는 아내의 나라가 마음에 든다느니 다른 영토를 둘러보러 떠나야 한다느니 하는 이야기만 늘어놓았다.

펠리페는 내가 꽤 마음에 든 것 같았고, 언니에게 내 이야기를 잘해 주겠다고 약속했다.

얼마 뒤에 엘리자베스는 깜깜한 밤중에 사람들의 눈을 피해 여왕의 거처로 안내되었다. 그곳에서 엘리자베스는 메리에게 무릎을 꿇었다. 펠리페는 커튼 뒤에 숨어서 메리가 진짜로 엘리자베스와 화해하는지 엿듣고 있었다.

두 사람의 만남은 이렇게 끝났다. 엘리자베스는 이제 우드스턱 궁에서 자유롭게 지냈다. 그러나 메리는 여전히 엘리자베스를 믿지 않았다.

메리는 6월에 아이를 낳을 예정이었다. 그런데 8월이 되도록 아이가 태어나지 않자, 사람들은 뒤에서 여왕을 비웃었다. 지금 생각해 보면 여왕은 애초에 임신을 하지않았을지도 모른다. 역사학자들은 낭종이나 암 때문에 메리의 월경이 끊기고 몸이 부은 것이었다고 말한다.

엘리자베스는 아마 한시름 놓았을 것이다. 아이가 없다는 건 아직 엘리자베스가 왕위 계승 1순위라는 뜻이니까. 한편 펠리페는 영국을 떠나고 싶어서 안달이 났다. 펠리페는 자기에게 푹 빠진 메리가 싫어서 견딜 수가 없었다. 그는 8월에 유럽 대륙으로 떠나 몇 달이나 그곳에 머물렀다. 그러나 여전히 엘리자베스를 도와주었고, 엘리자베스가 언니의 분노 때문에 다치지 않도록 보호했다.

펠리페의 가장 큰 관심은 영국이 프랑스와 손을 잡고 에스파냐를 공격하지 못하게 막는 것이었다. 프랑스와 에스파냐는 철천지원수 사이였다. 그리고 프랑스의 왕세자는 엘리자베스와 메리의 오촌인 스코틀랜드 메리 여왕의 남편이었다. 메리와 엘리자베스가 죽으면 영국의 왕위는 스코틀랜드의 메리 여왕에게 넘어가게 된다.

영국이 프랑스의 손아귀에 들어가는 것을 막기 위해 펠리페는 엘리자베스의 목숨을 지켜야 했다. 또한 훗날 엘리자베스가 여왕이 될 때를 대비하여 미리 엘리자베스와 친하게 지낼 필요가 있었다.

메리는 8월이 되도록 엘리자베스를 해트필드로 보내 주지 않았다. 엘리자베스는 갇혀 지내는 신세는 면했지만 여전히 사람들의 눈길을 피해서 살았다. 혹시 누군가 음모를 꾸며서 자기를 곤경에 빠뜨릴까 봐 걱정도 되었다.

영국 국민들은 메리 여왕의 치하에서 날이 갈수록 두려움에 떨며 지냈다. 메리 여왕은 가톨릭 교도가 아닌 사람들을 모조리 이단으로 몰아 재판하기 시작했고, 산 채로 십자가에 못 박아 화형에 처했다. 메리가 얼마나 무섭게 굴었던지 '피의 메리'라는 별명이 생길 정도였다.

엘리자베스는 펠리페가 자기를 에스파냐의 동맹국에 시집보낼 거라고 생각했다. 1556년에는 메리에게 사보이 공작과 결혼하라는 명령을 받았다. 엘리자베스가 거절하자 메리는 다시 런던탑에 가두겠다고 협박했다.

훗날 메리의 말이 단순한 협박이었다는 사실이 드러났지만, 당시에 엘리자베스는 그것이 메리의 진심이라고 생각했다. 어찌나 무서웠던지 프랑스 대사에게 편지를 써서 프랑스로 가서 살아도 되느냐고 물을 정도였다. 대사는 참고 견디라는 답장을 주었다. 영국의 왕관을 물려받고 싶다면 반드시 영국에 머물러야 한다는 것이었다.

그러나 시간은 엘리자베스의 편이었다. 메리는 병이 점점 깊어져 곧 죽게 될 운명이었다. 이 무렵에 메리는 이복 동생 엘리자베스를 그 어느 때보다도 미워했고, 엘리자베스가 헨리가 아닌 다른 남자의 딸이라는 이야기를 퍼뜨리고 다녔다.

메리는 아버지의 유언을 어기고 엘리자베스가 아닌 다른 사람에게 왕위를 물려주려고 했다. 그중에서 가장 유력한 후보는 헨리 7세의 증손녀인 스코틀랜드의 메리 여왕과 캐서린 그레이(제인 그레이의 동생)였다. 메리는 가톨릭 교도인 스코틀랜드의 메리 여왕을 후계자로 삼고 싶었지만, 펠리페는 프랑스 왕세자의 아내인 스코틀랜드의 메리 여왕을 탐탁지 않게 생각했다.

펠리페는 가능하면 메리와 멀리 떨어져서 지냈다. 펠리페는 메리를 사랑하지 않았고, 프랑스와의 전쟁에서 도움이 필요할 때만 메리를 찾아왔다.

메리는 펠리페에게 푹 빠져서 전쟁에 참전하기로 동의했다. 결국 영국은 엄청난 돈을 낭비하고 수많은 병사들을 잃게 되었다. 프랑스에 남아 있던 영국의 마지막 거점인 칼레도 함락되었다. 그 때문에 국민들은 메리를 더 싫어하게 되었다.

메리는 살 날이 얼마 남지 않았지만, 임신을 해서 엘리자베스가 여왕이 되는 걸 막겠다는 희망을 품고 있었다.

엘리자베스의 비밀 일기

1558년 9월

해트필드에 찾아와 충성을 맹세하는 귀족들이 갈수록 늘고 있다. 그들은 언니가 곧 죽을 것이라고 말한다. 나는 책이나 읽으면서 얌전히 기다려야지.

이건 모두 펠리페 덕분이다. 펠리페가 언니의 남편이 아니었거나 언니가 펠리페를 그렇게 사랑하지 않았다면, 언니는 분명히 스코틀랜드의 메리에게 영국 여왕 자리를 물려주었을 테니까.

펠리페도 내 편이고 아버지의 유언도 내 편이다. 게다가 국민도 내가 순수한 혈통을 지녔다고 좋아한다. 하지만 내가 진짜 여왕이 될 때까지는 한시도 마음을 놓지 않을 것이다.

엘리자베스가 그저 얌전히 지낸 것만은 아니었다. 그녀는 영국을 다스릴 계획을 꼼꼼하게 세우고 있었다. 드디어 1558년 11월에 메리의 편지가 도착했다.

엘리자베스에게

나는 오래 살지 못할 것 같다. 비록 너는 서자이지만, 다음 조건을 지킨다면 네게 영국 왕위를 물려주겠노라.
1) 영국을 로마 가톨릭 국가로 계속 유지하고 프로테스탄트 국가로 만들지 않는다.
2) 내 빚은 모두 떠맡는다.
이 조건에 동의하는지 내게 알려 주기 바란다.

1558년 11월
메리

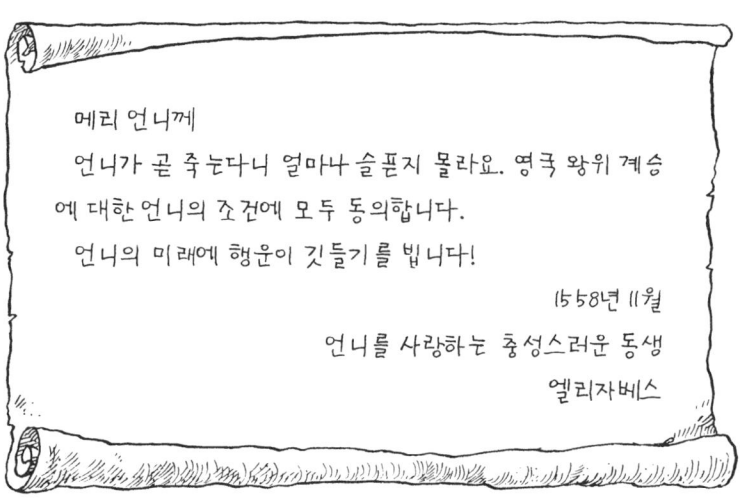

메리는 이틀 후에 혼수상태에 빠졌고, 열흘 후에 죽었다. 수백 년 동안 위기가 닥칠 때마다 국가를 통치했던 추밀원은 해트필드로 출발했다. 엘리자베스는(메리가 죽었다는 소식을 벌써 들었을걸!) 떡갈나무 아래에 앉아 독서삼매경에 빠져 있었다.

엘리자베스는 스물다섯에 영국 여왕이 되었다. 하지만 간발의 차이로 여왕이 된 것이었다.

엘리자베스의 세계: 힘없는 꼬마 영국

엘리자베스가 여왕이 되었을 때, 영국은 힘센 이웃 국가에 둘러싸인 힘없는 작은 꼬마였다.

유럽은 얼마 전까지만 해도 신성 로마 제국이 지배했다. 신성 로마 제국은 남쪽의 나폴리와 시칠리아와 에스파냐에서 시작해 오스트리아와 독일을 거쳐 북쪽의 네덜란드에 이르는 가톨릭 국가들을 모조리 통치했다.

펠리페의 아버지인 신성 로마 제국 카를 5세는 제국의 영토가 너무 넓다고 생각해 아들과 동생에게 영토를 나누어 주었다. 카를 5세는 황제 자리를 내놓고 수도원으로 들어가면서, 아들 펠리페 2세에게는 에스파냐와 네덜란드를 주고, 동생 페르디난트 1세에게는 신성 로마 제국과 오스트리아 영토를 물려주었다.

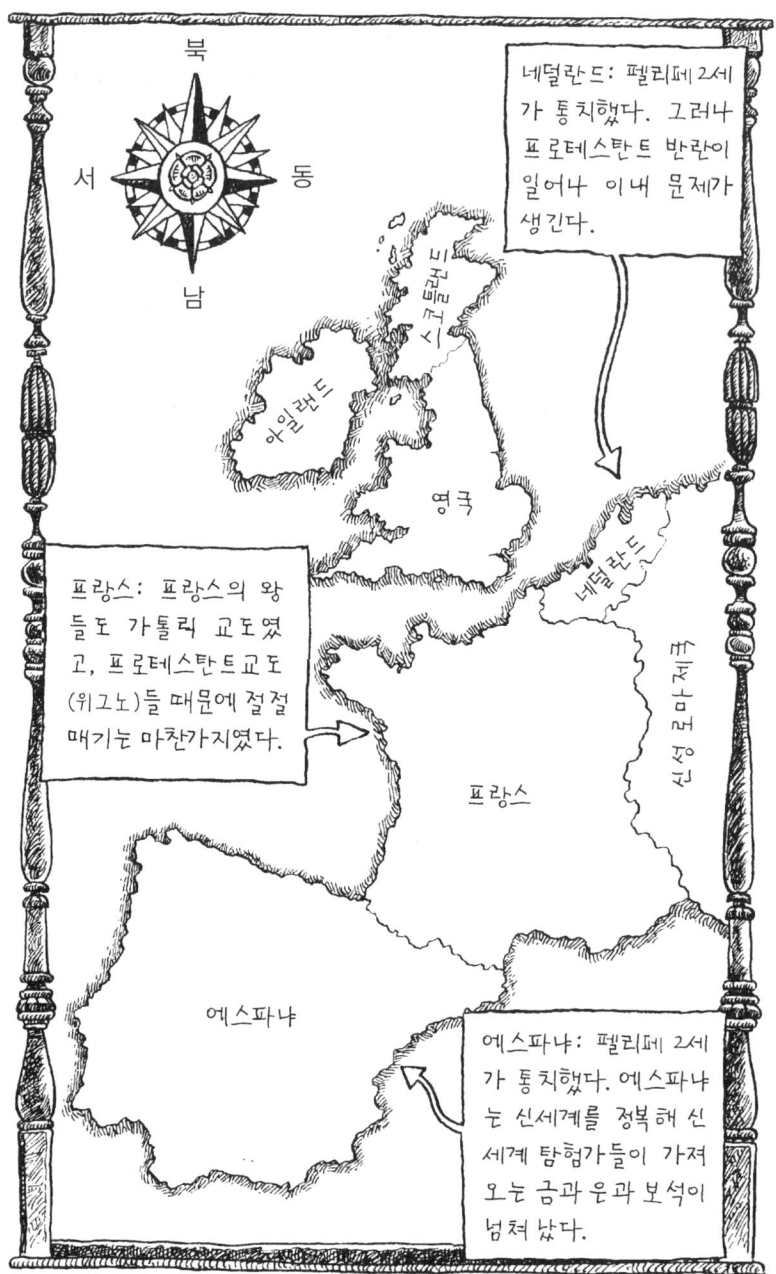

여왕이 된 엘리자베스

엘리자베스는 앞으로 험난한 길이 기다리고 있음을 잘 알고 있었다. 우선 엘리자베스가 여왕이 될 자격이 없다고 생각하는 사람들이 영국 안팎으로 너무나 많았다. 엘리자베스의 지지자들 또한 엘리자베스가 순진한 젊은 여자이고, 쉽게 조종할 수 있다고 생각하는 이들이 대부분이었다. 엘리자베스는 그들의 생각을 바꾸어 줄 자신이 있었다. 그리고 국민의 마음을 얻어야 한다는 것도 알고 있었다. 그러려면 헨리와 메리의 재위 중에 일어났던 끔찍하고 잔인한 일들을 반복해서는 안 되겠지? 아래는 남몰래 한 엘리자베스의 결심이다.

1. 나는 영국을 다스릴 것이다. 전능하신 하느님은 나를 다른 나라가 아닌 영국의 여왕으로 임명하셨다. 나는 결코 다른 나라를 정복할 생각이 없다.
2. 나는 다른 나라의 적법한 왕에 대항하는 반란군을 돕지 않을 것이다.

3. 교황이 아닌 내가 영국 교회의 우두머리가 될 것이다. 그러나 나는 극단적인 프로테스탄트 교도들에게 끌려다니지 않을 것이다.
4. 나는 사람들이 어떤 종교를 믿는지 알아내려고 하지 않을 것이다. 종교적인 믿음 보다는 왕에 대한 충성이 중요하다.
5. 나는 전쟁을 하지 않을 것이다. 영국은 수많은 사람이 희생되고 엄청난 돈이 드는 전쟁을 감당할 수 없다.
6. 나는 국민들을 처형하지 않을 것이다.
7. 나는 추밀원이 나에게 복종하도록 할 것이다.
8. 나는 사랑에 빠지거나 결혼하지 않을 것이다.
9. 나는 이 결심을 혼자서만 간직할 것이며, 속마음을 누구에게도 알리지 않을 것이다.

이 엘리자베스가 완벽하게 지켰던 것은 단 하나였다. 엘리자베스는 평생 동안 추밀원은 물론이고 모든 사람들에게 진짜 속마음을 알리지 않고 궁금하게 만들었다. 엘리자베스의 좌우명은 '조용히 지켜보면서 침묵을 지킨다.' 였다.

궁정의 새 여왕

엘리자베스는 사람의 품성을 잘 알아보았다. 그녀는 남동생과 언니의 실수를 지켜보면서 동생이나 언니와는 다른 방식으로 나라를 다스리겠다고 결심했고, 나라를 다스릴 계획을 오랫동안 세웠다. 추밀원이 떡갈나무 아래로 엘리자베스를 찾아왔을 때, 엘리자베스는 이미 윌리엄 세실 경을 신임 국무장관으로 임명해 두었다. 세실 경은 프로테스탄트 교도로서 메리 여왕의 통치 하에서 조용히 지내며 목숨을 부지했다. 왕위 계승권을 가진 강력하고 위험한 귀족 집안 출신은 아니었지만, 신중하고 부지런하며 충성스러워서 엘리자베스의 신임을 얻었다. 그는 엘리자베스와 자주 다투기는 했지만 평생 엘리자베스를 실망시키지 않았다.

프로테스탄트 여왕이 궁정을 차지하자, 궁정의 모든 것이 다시 바뀌었다.

*사마관: 말을 관리하는 최고 책임자.

엘리자베스는 여러 자리에 책임자들을 갈아 앉힌 뒤에 런던으로 떠났다. 런던으로 가는 길에 행렬을 여러 차례 멈추어 부자와 가난뱅이, 노인과 어린아이를 가리지 않고 모든 국민들을 만나 이야기했다. 엘리자베스는 가는 곳마다 국민의 마음을 얻었다. 생각이 꽉 막힌 추밀원은 늘 엘리자베스를 말리기만 했다. 당시 엘리자베스를 만난 사람이 남긴 글이다.

> 여왕은 국민의 마음을 얻는 비상한 재주가 있었지. 사람을 만날 때 모든 능력을 동원했어. 첫째 눈으로 사람을 보고, 둘째 귀로 사람의 말을 듣고, 셋째 머리로 사람을 판단하고, 넷째 입으로 사람에게 말을 걸었어.
> 여왕의 정신은 모든 곳에 분산된 동시에, 여왕의 몸에 완전히 집중되어 다른 곳으로는 전혀 흩어지지 않은 것 같았지. 여왕은 어떤 사람은 동정하고, 어떤 사람은 칭찬하고, 어떤 사람에게는 감사하고, 어떤 사람에게는 유쾌하고 재치 있는 농담을 하면서 아무도 나무라지 않았고 누구도 무시하지 않았어.

엘리자베스는 런던탑을 방문했다. 이번에는 트럼펫이 울리고 많은 이들이 환호하는 가운데 정문까지 말을 타고 갔다.

> 이곳에서 어떤 사람들은 왕에서 죄수가 되었지만, 난 죄수에서 여왕이 되었지.

할 일
- 메리의 장례식을 치른다. 극장으로.
- 메리의 빚을 갚을 방법을 찾는다.
- 추밀원의 업무를 알아 둔다.
- 대관식 준비; 대관식 드레스를 몸에 맞게 고치고, 대주교를 고른다. 초대장을 보낸다. 대관식장으로 가는 길을 결정한다.
- 몸매 관리를 한다.

엘리자베스는 평생, 심지어 왕과 여왕이 자신의 적이었을 때조차 왕과 여왕의 권리를 깊이 존중했다. 언젠가 여왕이 되어 국민의 충성이 필요하리라는 것을 미리 알았던 것처럼. 엘리자베스는 메리와 사이가 좋지 않았고 메리의 장례식에도 가지 않았지만, 메리의 장례식만큼은 화려한 가톨릭 의식에 따라 준비했다. 국민이 왕실을 무시하는 걸 원하지 않았기 때문이다.

장례식이 끝났으니, 이제 추밀원을 길들이는 일이 남아 있었다. 모조리 남자로 이루어진 추밀원의 고문관들은 엘리자베스가 나라를 통치하는 데 재주가 없을 거라고 생각했다. 엘리자베스는 그렇지 않다는 걸 몸소 보여 주기로 마음먹었다. 그래서 매일 추밀원 회의에 나갔고, 고문관들이 의견을 내놓으면 자신도 의견을 내놓았다. 엘리자베스는 자존심이 강하고 으스대기를 좋아했으며, 아무도 예측하지 못한 말과 행동을 했다.

엘리자베스의 하루 일과

오전 7시. 궁전 정원 산책

오전 8시. 아침 식사

오전 9시. 장관들을 만나고 편지에 서명하기

오전 10시. 공문서 읽기와 추밀원 회의에 참석하기

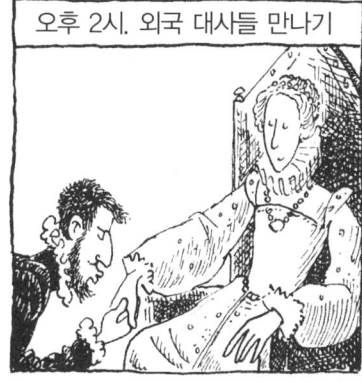

> ## 엘리자베스의 세계: 궁전 둘러보기
>
> 영국 튜더 왕조의 군주는 세 종류의 방을 가지고 있었다.
> - 알현실은 군주가 궁정의 신하들 앞에 공개적으로 나설 때 사용하는 방이었다.
> - 내실은 군주가 대사 및 신하들과 조용히 이야기할 때 쓰는 방이었다.
> - 사실(私室)은 군주가 생활하는 방이었다. 사실에는 침실과 화장실(있기도 하고 없기도 함)과 개인 거실이 있었다.

대관식

엘리자베스는 여왕이 되고 처음 맞이한 크리스마스 아침에 주교와 다툼을 벌였다. 칼라일 주교는 왕실 예배당에서 모든 사람들이 볼 수 있도록 면병*이 든 그릇을 높이 들어 올렸다. 이것은 가톨릭교의 예배 방식이었다. 엘리자베스는 "그 그릇을 당장 내려놓으시오!"라고 소리 질렀다. 그러나 주교는 오히려 그릇을 더 높이 들었고, 여왕은 화가 나서 예배당을 박차고 나가 버렸다.

*면병: 미사에 쓰이는 빵

이 다툼 때문에 엘리자베스는 대관식에서 왕관을 씌워 줄 주교를 찾지 못해 애를 먹었다. 결국 엘리자베스에게 잔뜩 혼이 난 칼라일 주교가 대관식에서 왕관을 씌워 주기로 했다.

엘리자베스는 점성가 존 디에게 대관식을 거행할 좋은 날을 정해 달라고 부탁했다. 점성가는 1559년 1월 15일을 대관식 거행일로 정해 주었다.

이틀 동안 치러지는 여왕의 대관식의 축하행사가 드디어 그 눈부신 정점에 도달했다. 지난 주 일요일, 웨스트민스터 사원에서 아름다운 머리카락을 지닌 엘리자베스 여왕의 대관식이 거행되었다.

엘리자베스 여왕은 대관식 전날에 런던탑에 묵는 영국 군주의 전통에 따라, 토요일에 배를 타고 런던탑으로 향했다. 런던은 하루 종일 대관식 준비로 부산했다. 거리에는 형형색색의 화려한 천으로 장식된 나무 난간이 세워졌다.

추운 날씨 속에 일요일 새벽이 밝았다. 땅에는 눈이 드문드문 흩뿌려져 있었다. 이른 아침부터 여왕의 즉위를 축하하려고 모여든 군중으로 거리는 발 디딜 틈이 없었다. 미리 좋은 자리를 차지하려고 길거리에서 밤을 지새운 사람도 있었다.

여왕은 안이 들여다 보이는 가마를 타고 대관식장으로 향했고, 사마관 로버트 더들리 경이 여왕의 가마를 뒤따랐다.

호위대는 여왕의 머리글자 ER(Elizabeth Regina)이 새겨진 주황색 외투를 입고 뒤따랐다.

상인들은 길거리에 줄지어 서서 새 여왕을 맞이했고, 런던 시 법원장은 여왕에게 금화 1000개가 들어 있는 주홍색 공단 지갑을 주었다.

여왕은 플리트 다리에서 행렬을 멈추고 초라한 할머니가 건네는 로즈메리 다발을 받았다. 여왕은 웨스트민스터 사원에 도착할 때까지 로즈메리를 가마 안에 소중히 간직했다.

대관식 행렬은 런던 시민들이 준비한 야외 연극을 보려고 멈추어 섰다.

여왕이 웨스트민스터 사원에 도착해 내리려고 하자 군중이 몰려들었다. 여왕의 옷자락을 들고 가던 레녹스 백작 부인(맨 왼쪽 뒷줄)은 하마터면 넘어질 뻔했다.

대주교는 여왕의 머리 위로 왕관을 높이 치켜들고 엘리자베스를 영국 여왕으로 선포했다. 그리고 역사상 처음으로 영어 성경을 가지고 대관식 선서를 마쳤다.

여왕은 왕관과 홀과 십자가가 달린 보주까지 들고 웨스트민스터 사원 밖에서 기분 좋게 국민들과 이야기를 나누었다.

여왕 행렬이 국빈 만찬이 열리는 웨스트민스터 홀로 향한 후에 거리는 말끔히 청소되었다.

엘리자베스의 대관식은 대성공이었다. 엘리자베스는 국민들과 어울리는 것을 좋아했고, 국민들도 엘리자베스를 무척 좋아했다.

대관식 후에 엘리자베스가 감기에 걸려 며칠 동안이나 침대 신세를 진 것이 유일한 문제라면 문제였다.

대관식 후 엘리자베스에게 가장 중요한 일정은 의회 개회였다. 당시 영국 의회는 300년이라는 오랜 역사를 지니고 있었다. 의회의 본래 목적은 왕에게 의견이나 법안을 제출하는 것이었다. 만일 왕이 법안에 동의하면, 법안은 의회법이 된다.

왕은 의회에 꼼짝 못했는데, 그건 돈 때문이었다. 왕이나 여왕은 의회의 동의 없이는 세금을 올리지 못했다. 그런데 의회는 왕의 행동이 마음에 들지 않으면 세금을 올려 주지 않았고, 그렇게 되면 왕은 돈줄이 막히게 된다.

뿐만 아니라 의회는 국가를 다스리는 문제에도 간섭하려고 들었다. 엘리자베스가 여왕이 되고 처음 열린 의회에서, 의원들은 한 가지 중요한 문제에 대해 확고한 의견을 내놓았다.

영국 하원의 남자 의원들(당시에는 여자 의원이 없었다)은 여왕의 생각이 마음에 들지 않았지만, 언젠가는 여왕이 마음을 바꿀 것이라고 생각했다.

엘리자베스의 비밀 일기

1559년 2월 5일

의원들은 정말 황당한 자들이다!

글쎄, 이것들이 뻔뻔스럽게 작당을 해서 내게 결혼을 하고 아이를 낳으라고 일장 연설을 늘어놓았다!

자기들이 뭔데 그런 말을 하는 거지? 하느님이 그자들에게 나라를 맡기고 싶으셨다면, 그자들을 왕으로 만드셨겠지. 하지만 그러시지 않았잖아. 하느님은 날 왕으로 만드셨어. 그러니까 나라를 다스리는 방법은 내가 제일 잘 안다고 생각하신 거지. 그리고 그건 분명한 사실이다. 난 이 나라를 통치할 거고, 의회는 내게 필요한 돈을 주어야 한다.

난 의원들에게 불벼락을 내렸다. 나는 메리가 날 죽이겠다고 협박했을 때도 결혼하지 않은 사람이고, 정말로 의원들이 내게 결혼하라고 명령하는 거라면 아주 불쾌하다고 말했다. 나는 혼자 사는 편이 내 자신과 영국을 위해 가장 좋은 방법이라고 생각하고, 처녀로 살면서 평생 통치만 하다가 죽을 거라고 똑똑히 말해 주었다.

여왕 생각이 마음에 들지 않는다고 해도 의원 나부랭이 주제에 어쩌겠어? 꾹 참는 수밖에.

엘리자베스가 결혼해야 한다고 생각한 건 하원 의원들뿐만이 아니었다. 당시에 여자가 혼자 나라를 통치할 수 있다고 생각한 사람은 아무도 없었다. 심지어 엘리자베스의 최고 보좌관이었던 세실 경까지도 그랬으니까.

여왕이 정말 결혼하지 않는다고?
엘리자베스는 절대 결혼하지 않겠다고 입버릇처럼 말했다. 그런데 정말로 그럴 생각이었을까? 그렇다면 그 이유는 뭘까?

결혼의 좋은 점
1. 모두들 내가 결혼하는 게 영국을 위하는 길이라고 말한다. 다만 문제는 결혼 상대에 대한 생각이 각자 다르다는 거지!
2. 후계자가 필요하다. 하지만 제인 시무어나 캐서린 아줌마처럼 아기를 낳다가 죽을지 몰라. 내가 죽으면 섭정이 나라를 다스리거나 최악의 경우엔 짜증 나는 오촌 메리가 여왕이 되겠지!

결혼의 나쁜 점
야호!
1. 남자를 잘못 고르는 실수를 할지도 모른다. 뭐, 아버지도 실수를 꽤 많이 했으니까.
2. 남자들은 내 왕관밖에 관심이 없다. 내가 그렇게 좋아했던 토머스 아저씨도 내가 아닌 권력에만 관심이 있었다.

3. 신하들은 내가 외국의 왕이나 왕자와 결혼하면 싫어할 거다. 메리가 어떻게 되었는지 똑똑히 봐라. 메리가 펠리페와 결혼하자 영국 거리는 외국인들로 득실거렸고, 에스파냐가 벌인 전쟁에 곁다리로 참전하게 되었다.

4. 만일 내가 영국 귀족과 결혼하면 다른 귀족들이 질투해서 그를 괴롭힐 것이다.

5. 어쨌든 아직 신랑 후보들의 초상화를 절반도 채 보지 않았지만, 절대 초상화로 남편을 고르지는 않을 거다. 그러다 진짜 못생긴 남자와 맺어질지도 모르니까. 아버지가 앤 고모를 처음 보았을 때 얼마나 놀랐는지 생각해 봐라. 그걸로 부족하다면 펠리페가 메리 언니를 처음 만났을 때 얼마나 놀랐는지 생각해 보든지.

6. 내가 결혼을 안 하면 모든 사람들이 내 속마음을 궁금해할 거다. 내가 마음을 정하지 않으면 모든 외국의 왕이나 왕자들이 희망을 품겠지. 그럼 외국 정부들은 영국에 친절하게 대할 거고.

결론 - 난 절대 결혼하지 않을 거다.

아무리 결혼하지 않겠다고 말해도 영국의 젊은 여왕 엘리자베스는 유럽 최고의 신붓감이어서 구혼자들이 넘쳐났다. 1559년에는 열 명이나 되는 대사들이 자기 나라의 왕과 왕자와 결혼해 달라고 찾아왔다! 엘리자베스의 구혼자 가운데 좀 쟁쟁한 사람들만 골라 살펴보자.

1. 에스파냐의 펠리페 2세

그렇다. 에스파냐의 펠리페 2세는 엘리자베스의 언니와 결혼했다. 그래서 뭐 어떻다고? 어차피 메리가 죽었으니 펠리페에게는 아내가 필요한 데다가 영국과 동맹을 맺어야 하니까 엘리자베스가 제격이지 뭘. 게다가 엘리자베스는 메리보다 젊고 예쁘기까지 하니까 더 좋고. 다만 펠리페는 엘리자베스가 가톨릭으로 개종하는 것을 결혼 조건으로 내세웠다.

엘리자베스는 에스파냐 대사에게 영국 의회의 승인을 얻어야 한다고 대답했다(그러고는 의회에 물어보지도 않았다).

엘리자베스는 펠리페가 품고 있던 의문점을 에스파냐 대사에게 정확히 되짚어 주었다. 엘리자베스의 스파이가 펠리페가 에스파냐 대사에게 보낸 편지를 가로채서 읽었기 때문이다.

하지만 얼마 후에 에스파냐 대사는 펠리페 2세가 결혼했다는 소식을 듣고 다시 찾아왔다. 펠리페 2세는 엘리자베스의 대답을 기다리지 않고 열네 살 난 프랑스의 엘리자베트 공주와 결혼한 것이다. 결국 펠리페 2세는 프랑스와 동맹을 맺기로 결정한 모양이었다.

2. 스웨덴의 에리크 왕자

스웨덴 왕의 큰아들 에리크 왕자는 엘리자베스에게 진심으로 반했고, 프로테스탄트라는 장점도 있었다. 그는 핀란드 공작인 잘생긴 남동생 존을 보내 엘리자베스에게 구애했다. 엘리자베스는 존 공작과 어찌나 마음이 잘 맞았는지, 엘리자베스가 에리크가 아닌 존과 결혼하겠다는 수군거림이 들릴 정도였다. 존 공작은 영국을 좋아했고, 궁정 신하들에게 잘 보이려고 근사한 선물도 주었다. 그러나 그가 신하들에게 주었던 많은 돈은 위조 지폐로 드러났다. 엘리자베스는 1559년 5월에 청혼을 거절했지만, 두 달 후에 에리크는 세찬 비바람과 폭풍을 이겨 내고 반드시 엘리자베스와 결혼하겠다는 편지를 보냈다. 그리고 1년 후에는 진짜로 폭풍을 뚫고 항해에 나섰다. 하지만 함대가 박살이 나는 바람에 되돌아가야 했다. 그는 그래도 포기하지 않고 계속 청혼했다. 결국 엘리자베스는 네 번이나 "싫어요!"를 외쳐야 했다.

3. 덴마크의 왕

덴마크의 특사는 기막힌 아이디어를 짜냈다. 그는 하트와 화살이 그려진 벨벳 상의를 입고 영국 궁정을 돌아다녔다. 하지만 아무리 술수를 써도 엘리자베스의 마음은 덴마크의 왕에게 기울지 않았다.

4. 오스트리아의 카를 대공

약간의 혼란이 있기는 하지만 카를 대공은 엘리자베스에게는 중요한 신랑감 후보였다. 카를 5세는 은퇴하면서 남동생 페르디난트 1세에게 신성 로마 제국과 오스트리아를 물려주었는데, 카를 대공은 이 페르디난트 1세의 아들이었다. 신성 로마 제국 대사는 펠리페 2세보다 신앙심이 깊지 않아 엘리자베스가 프로테스탄트라는 사실에 크게 신경 쓰지 않는 카를 대공을 신랑감으로 내세웠다.

왕위에서 물러난 카를 5세는 이렇게 생각했다.

엘리자베스는 카를 대공에게 확실한 답을 주지 않고 오랫동안 애를 태웠다. 신성 로마 제국 대사가 마침내 희망을 버리려는 순간, 저녁에 강에서 배를 타던 엘리자베스 여왕을 만났다. 엘리자베스는 대사를 배에 초대해서 류트를 연주해 주어 또다시 헛된 희망을 심어 주었다.

사랑에 빠진 여왕님

튜더일보
1559년 4월

운명의 키스!

전 세계가 숨죽이며 기다려 온 사진, 영국 여왕이 사마관과 입맞춤을 나누는 사진이 드디어 공개되었다. 변덕스러운 엘리자베스 여왕이 유부남 훈남 로버트 더들리(29세) 경과 사귄다는 소문이 몇 주 전부터 나돌고 있는 참이었다.

각국 대사 열 명이 엘리자베스 여왕에게 청혼하려고 영국 궁정에 도착했고, 엘리자베스 여왕은 나라를 통치하는 일을 잠시 쉬고 재미있게 놀기로 마음먹었다.

엘리자베스는 운동을 잘하는 남자에게 약하다고 한다. 로버트는 훤칠한 키와 잘생긴 얼굴에 재치까지 있고, 춤을 잘 추고 승마와 마상 창 시합 등 운동에도 소질이 있다. 이 점에서는 엘리자베스의 아버지인 헨리와 조금 좀 비슷하다.

로버트는 엘리자베스와 어린 시절부터 알고 지냈고, 같은 시기에 런던탑에 갇히기도 했다. 하지만 두 사람의 지인들의 말에 따르면 둘이 런던탑에 갇혔을 때는 서로 만나지 못했다고 한다.

지인들은 로버트 경이 여왕의 사마관이다 보니 매일같이 여왕과 말을 타거나 사냥을 다니면서 우정이 사랑으로 발전했을 것이라고 예측했다.

물론 엘리자베스가 로버트를 만나는 것을 못마땅하게 여기는 사람들도 많다. 로버트의 아버지와 할아버지가 반역죄로 처형되었고, 로버트 경은 이미 아내가 있는 몸이다.

그러나 로버트는 얼마 지나지 않아서 자유의 몸이 될 예정. 현재 로버트와 별거 중인 아내 에이미가 유방암으로 죽어 간다고 전해진다.

지난밤 궁정 무도회에서 찍힌 사진 속의 여왕은 에이미를 전혀 신경 쓰지 않는 것처럼 보였다.

그렇다. 처녀 여왕은 호르몬의 마법에 빠졌다. 사랑에 빠진 것이다. 엘리자베스 여왕과 로버트 경이 가까워질수록 사람들의 입놀림도 바빠졌다. 런던뿐만 아니라 유럽 전체가 엘리자베스 여왕에 대한 소문으로 들썩거렸다.

에식스 주 브렌트우드의 애니 도 수녀원장은 소문을 퍼뜨린 죄로 붙잡혔다. 치안 판사들은 소문이 더 널리 퍼지는 것을 막으려고 비밀리에 재판을 열었다. 그래도 수녀원장은 감옥에 갇히는 걸로 끝났으니 운이 좋은 편이었다. 이런 소문을 퍼뜨리다가 걸리면 귀를 잘리는 것쯤은 예사였거든!

정말 엘리자베스가 로버트와 말썽이 될 만한 행동을 한 것일까? 여왕은 언제나 시녀와 시종들에게 둘러싸여 있었고, 시녀와 시종들은 엘리자베스가 정숙하게 행동했다고 맹세했다. 엘리자베스는 자신이 정숙했다고 말하면서, 만일 그렇지 않다고 해도 누가 감히 여왕에게 충고를 늘어놓겠느냐고 덧붙였다.

그래도 구혼자들과 구혼자의 대사들은 걱정이 태산이었다. 그 시절 왕과 왕자들은 행실이 좋지 않은 여자와 결혼하려 하지 않았기 때문이다. 신성 로마 제국의 카를 5세는 대사에게 소문의 진상을 알아 오라는 명령을 내렸다. 대사는 황제에게 이런 편지를 썼다.

저는 여왕의 시녀들과 가깝게 지내는 프랜시스 보스라는 자를 시켜 알아보았습니다. 여왕의 시녀들은 여왕 전하가 늘 순결을 지켰음을 하느님 앞에 맹세했습니다. 그러나 여왕 전하가 평소의 평판과 위엄에 어울리지 않게 로버트 경에 대해 특별한 호의를 드러낸 것은 사실입니다.

로버트 경에 대한 여왕의 애정을 못마땅하게 여긴 사람은 여왕의 구혼자들뿐만이 아니었다. 궁정의 다른 신하들도 로버트 경을 싫어했다. 특히 노퍽 공작, 토머스 하워드는 로버트 경을 끔찍이 싫어했는데, 한때 노퍽 공작의 추종자들은 궁정에서 노란색 옷을 입고, 로버트 경의 추종자들은 보라색 옷을 입고 돌아다녔을 정도였다.

노퍽 공작은 로버트 경을 질투했다. 로버트는 늘 여왕으로부터 영토와 작위를 하사받았기 때문이다. 또 로버트 경을 통해 여왕에게 잘 보이려는 사람들은 그에게 뒷돈을 바쳐야 했다.

프랑스에 파견된 영국 대사, 니콜라스 스록모턴 경은 이렇게 말했다.

"나는 영국의 안전과 품위와 여왕 전하의 평판을 위해 기도한다. 부디 여왕 전하가 여왕의 위치를 잊은 채 로버트 경과 결혼하는 어리석은 짓을 저지르지 않기를 바란다."

여왕의 가정 교사, 캣 애슐리와 수석 보좌관인 윌리엄 세실 경도 로버트 경을 싫어했다. 엘리자베스가 로버트와 한참 연애 중일 때, 윌리엄 세실 경은 스코틀랜드에서 협상을 벌이느라 영국을 떠나 있었다. 세실 경은 영국으로 돌아와 로버트 경이 여왕의 최고 보좌관 노릇을 하는 걸 보고 크게 걱정했다. 이후에 로버트 경의 아내 에이미가 죽자, 여왕은 '사랑스러운 나의 로빈'* 로버트와 곧 결혼할 것처럼 보였다. 그렇게 되면 세실은 보좌관 자리에서 영영 밀려나기 때문이다.

세실 경은 1560년 9월 8일에 에스파냐 대사 데 콰드라 주교를 만나 이렇게 하소연했다.

* 셰익스피어의 희곡 〈햄릿〉에서 여주인공 오필리아가 부른 노래

- 엘리자베스가 로버트와 어울리는 꼴을 볼 수 없으니 은퇴해 시골에서 살겠다. 그 전에 런던탑으로 끌려가지 않는다면 말이다.
- 엘리자베스는 외국의 왕이나 왕자들과 결혼할 생각이 눈곱만큼도 없고, 그들을 가지고 노는 것뿐이다.
- 엘리자베스와 로버트는 둘이 결혼하려고 에이미를 죽였다.

튜더일보
1560년 9월 9일

에이미 더들리 주검으로 발견…

어제 여왕의 최측근 로버트 경의 아내 에이미 더들리(28세)가 애빙던 근처 컴너 플레이스에서 시체로 발견되었다. 에이미는 계단 아래에서 목이 부러진 채 죽어 있었다.

유방암을 앓던 에이미는 최근까지 우울증에 시달린 것으로 밝혀졌다.

사건 당일, 에이미는 하인들을 모두 성모 마리아 축제에 보내고 오딩셀스 부인과 오웬 부인과 함께 집에 남아 있었다. 나중에 집에 돌아온 하인들은 계단 아래에서 싸늘한 시체가 되어 버린 에이미를 발견했다.

"이 사건은 누구의 잘못도 아닌 끔찍한 사고일 뿐입니다." 앤터니 포스터 경의 대변인이 말했다. 앤터니 포스터 경은 컴너 플레이스의 주인 로버트 경의 재무 책임자다.

여왕은 이 사건을 전해 듣고 충격을 받아 아무 말도 하지 못했다고 한다. 여왕은 궁정의 모든 신하들에게 에이미의 죽음을 애도하라고 명한 뒤 내실에서 나오지 않고 있다. 로버트 경은 이 사건의 정식 조사가 끝날 때까지 여왕의 유력한 부군 후보에서 중도 하차될 전망이다.

민심은 "로버트 경은 이제 여왕과 결혼 할 수 없을 것"이라며 강력히 비판했다.

누가 범인일까?

에이미 더들리에게 무슨 일이 생겼던 것일까? 분명히 상황이 이상하기는 했다. 왜 에이미는 그날 오후에 그렇게 기를 쓰고 하인들을 내보냈을까? 에이미가 죽은 그날, 평상시에는 그렇게 신중하고 조심스럽던 세실이 에스파냐 대사에게 속마음을 털어놓은 이유는 뭘까? 에이미는 정말 유방암 때문에 죽어 가고 있었을까? 아니면 아픈 사람을 누가 죽이려고 했을까?

그 당시 많은 사람들은 로버트 더들리가 아내를 죽였다고 생각했다. 검시관은 에이미의 죽음이 사고였다고 말했지만, 수많은 사람들이 죽음의 원인을 제멋대로 추측했다. 여러분도 이 중에서 무엇이 가장 가능성이 높은지 제멋대로 생각해 보시길.

1. 에이미는 몸이 아픈 데다 남편에 대한 나쁜 소문이 들리자 우울증이 도져 자살했다.

그렇다: 그래서 에이미가 하인들을 내보낸 것이다. 그 시절에 자살은 지옥에 떨어질 만한 큰 죄였기 때문에, 누가 보아도 확실한 자살이 아니면 아무도 자살이라는 이야기를 꺼내지 않았다.

아니다: 계단을 구르는 건 좋은 자살 방법이 아니다. 뼈만 몇 개 부러지고 평생을 고통 받으며 비참하게 살 수도 있으니까.

2. 에이미는 실수로 계단에서 떨어져 죽었다.

그렇다: 유방암이 진행되면 뼈가 약해지는 경우가 있다. 그래서 낮은 곳에서 떨어지거나 약간의 충격만 받아도 뼈가 부러질 수 있다.

아니다: 그렇다면 그날 오후에 에이미가 하인들을 내보낸 이유가 설명이 되지 않는다.

3. 에이미는 로버트 경이 죽였다. 어쩌면 엘리자베스가 도와주고 부추겼는지도 모른다.

그렇다: 에이미만 없으면 로버트 경은 엘리자베스와 결혼할 수

있다.

아니다: 에이미는 몸이 아팠기 때문에 굳이 죽지 않아도 곧 죽었을 것이다. 에이미가 알쏭달쏭하게 죽는 바람에 오히려 로버트 경은 엘리자베스와 결혼하기가 더 어려워졌다.

4. 에이미는 세실 경이 자객을 보내 죽였다.

그렇다: 에이미가 알쏭달쏭하게 죽고 난 뒤 세실 경의 궁정 생활은 날개를 달았다. 그는 이내 수석 보좌관 자리를 되찾았다. 세실 경은 에스파냐 대사에게 엘리자베스와 로버트 경이 에이미를 독살하려 한다는 괴이한 소문을 전하는 등 이상한 행동을 했다. 에이미는 세실 경이 보낸 전령을 기다리고 있었기 때문에 하인들을 내보낸 것이다.

아니다: 세실이 범죄를 저질렀다는 것을 뒷받침할 과학적인 증거나 증인이 없다.

사실 우리는 에이미가 어떻게 죽었는지 정확하게 알 길이 없다. 20세기에 에이미의 관이 열리긴 했지만, 그 안에는 먼지밖에 없었다. 하지만 확실한 사실은 로버트 경이 큐로 쫓겨나자 세실 경이 다시 여왕의 총애를 받았고, 로버트 경은 평생 지우지 못할 물음표를 얻어 여왕 부군 후보에서 제외되었다는 것.

엘리자베스의 비밀 일기

1560년 10월

하느님은 내가 사랑하는 단 한 명의 남자를 내 손이 닿지 않는 곳으로 데려가셨다. 어쩌면 더 잘된 일인지도 모르겠다. 처녀로 살다가 죽겠다는 내 결심이 로버트의 매력 앞에서 약해지던 참이었으니까. 신하와 결혼하면 언제나 문제가 생긴다. 다시는 내 마음에 끌려가지 않겠다.

세실은 그동안 늘 나를 든든하게 지켜 주었다. 이렇게 조국을 먼저 생각하는 사람이 있다는 게 얼마나 다행인지 모른다.

검시관이 에이미의 죽음을 '사고'라고 말하면서, 로버트 경은 다시 여왕의 총애를 받게 되었다.

로버트 경은 여왕의 사마관 자리를 지켰고, 평생 동안 여왕과 가까운 친구로 남았다. 엘리자베스는 로버트를 '나의 눈'이라고 불렀다. 엘리자베스는 로버트가 다른 여자와 결혼하는 것을 원하지 않았지만, 로버트나 다른 남자와 결혼하는 어리석은 짓을 저질러 여왕의 지위를 위태롭게 만들지도 않았다.

처녀 여왕 숭배

엘리자베스는 결혼이 손해나는 작전이라고 판단하고, 독신으로 지내는 것을 대대적으로 알리기로 마음먹었다. 엘리자베스는 스스로를 '처녀 여왕'이라고 부르면서, 자신은 영국 국민과 결혼했다고 말했다. 엘리자베스는 이 작전으로 국민들의 마음을 완전히 사로잡았다.

엘리자베스는 처녀 여왕이 이익이 된다고 판단하고 결혼하지 않기로 결정했지만, 엘리자베스가 워낙 자기 PR 능력이 뛰어난 데다가 마치 처음부터 처녀로 남을 생각이었던 것처럼 종종 행동했다.

아서 왕의 마법사라고 불리는 멀린의 예언 덕분에 여왕 홍보실의 일은 한결 가벼웠다.

> 처녀 여왕이 나라를 통치해 여왕의 흰 지팡이가 벵기에의 해안까지 닿을 것이며, 위대한 카스티야 왕국은 공격을 받아 흔들리고 몰락할 것이다.

카스티야는 에스파냐의 왕국이었다. 그러니 다음에 어떤 일이 벌어질지 잘 지켜보자.

왕실 행차

엘리자베스는 여름에 나들이하는 걸 아주 좋아했다. 나라를 직접 둘러보고 국민과 만나 이야기하는 데는 왕실 행차만큼 좋은 것이 없었다. 더구나 왕실 행차 중에는 여왕과 신하들이 궁전을 떠나 있기 때문에 궁정 유지비를 줄이는 데도 효과 만점이었다.

엘리자베스는 최대한 많은 신하들을 거느리고 지방 거물의 집에 머물렀고, 나머지 수행원들은 근처에 묵었다. 그런데 여왕 일행의 수가 너무 많아 한 집에서 며칠 이상 머물 수 없었다. 머무는 집에 있는 음식을 모조리 비워 버렸기 때문이다.

여왕이 행차하는 도시와 마을은 흥분으로 들썩거렸다. 당시에 쓰였던 시를 한번 살펴보자.

여왕의 이름이 울려 퍼지자
거리의 아가씨들은 기뻐 날뛰었다네.
젊은이도 노인도 부자도 가난뱅이도
모두 기뻐 뛰어나왔다네.
그리고 손뼉을 마주치고 이렇게 외쳤지.
"오오, 이 얼마나 영광스러운 순간인가!
장엄한 옷자락과 권력을 이끌고
여왕님이 우리 마을에 오신다네."

여왕이 행차하는 마을에 사람들이 워낙 많이 몰려드는 바람에 엘리자베스의 경호원들은 골치를 앓았다. 여왕은 걸핏하면 행렬을 멈추어 사람들과 이야기를 하는 등 수많은 경호 규칙을 어기곤 했다.

여왕이 1565년에 켄트 주의 샌드위치 마을을 방문했을 때, 주민들이 여왕맞이 채비를 어떻게 했는지 살펴보자.

지난 한 달 동안 마을을 얼마나 쓸고 닦았는지 몰라요.
먼지 하나 없이 거리를 깨끗이 쓸고, 국기와 벽걸이 융단으로
집을 장식하고, 여왕님이 지나가시는 길에 골풀과 꽃잎을 뿌렸죠.

여왕 전하는 사마관 로버트 더들리 경과 함께
말을 타고 도착했어요. 여왕님은 어찌나 여왕다우면서도
편안해 보였는지 몰라요.
누구라도 여왕님께 다가가서 말을 걸 수 있을 것 같았다니까요.
많은 사람들이 그렇게 했고요.

구운 사슴 고기 요리와 구운 쇠고기 요리, 블랙버드 파이*
160인분을 준비했어요. 그런 다음에 블랑망제와 사탕 과자와
커스터드를 만들었죠.
정말이지 그렇게 많은 음식은 본 적이 없어요!

*블랙버드 파이 : 블랙베리와 복숭아로 만든 달콤한 파이. 튜더 왕조 시대에는 진짜 블랙버드(검은 새)를 넣은 파이도 있었다. 하지만 붕어빵에 붕어가 없듯이 요즘 만드는 블랙버드 파이에는 검은 새가 없다.

여왕님은 우선 마을 어린이들의 노래를 듣고, 주민들이
오랫동안 연습한 연극을 구경하셨어요.
그리고 연극과 노래가 마음에 쏙 든다고 말씀하셨죠.

여왕님은 특별히 키가 크시지는 않았지만, 다른 사람들 보다 훨씬 크시고 똑똑해 보이셨어요. 우리 국민에게 관심을 기울여 주시는 훌륭한 여왕님이 계셔서 얼마나 행운인지 몰라요.

 여왕은 원래 궁전 밖에서 음식을 먹는 일이 매우 드물었다. 그리고 다른 사람이 음식을 먼저 맛을 보고 음식에 독이 들었는지 확인한 뒤에야 식사를 했다.
 그러나 샌드위치 마을에서는 독이 들었는지 확인하지 않고 마음껏 음식을 즐겼다. 그러는 동안 경호원들은 숨을 죽이고 아무 일도 일어나지 않기만을 간절히 빌었다.
 샌드위치 주민들은 크게 기뻐했다. 엘리자베스도 기뻤다. 주민들의 마음을 완전히 사로잡았기 때문이었다. 이 행차는 또 한 차례의 성공적인 홍보 여행이었다.
 그렇다고 엘리자베스의 행차를 모두가 반긴 것은 아니었다. 여왕 일행은 대개 마을에서 가장 부유한 귀족 집에 묵었는데,

집주인은 많은 돈을 들여서 궁정 신하들을 먹이고 여왕에게 값비싼 선물을 주어야 했다.

여왕은 어떤 귀족의 집에서 다이아몬드 목걸이와 무릎 위에 놓고 연주하던 피아노와 비슷한 건반 악기인 버지널과 새 드레스 한 벌을 받았다. 여왕은 그것도 모자라 멋진 소금 그릇과 나이프와 스푼까지 달라고 졸랐다.

엘리자베스의 세계: 여왕의 궁전들

엘리자베스는 60채나 되는 성과 집이 있었고, 궁전만 해도 열 채가 넘었다. 그중에서 가장 멋진 궁전들은 템스 강변에 있었다. 엘리자베스는 배를 타고 궁전을 옮겨 다녔고, 짐은 나중에 육로로 옮겼다.

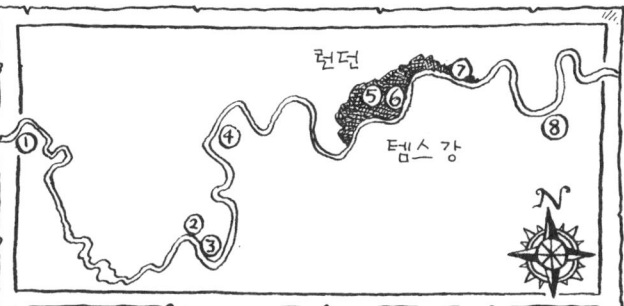

1. 윈저 궁: 윈저 궁은 난방이 잘 되지 않았기 때문에, 엘리자베스는 여름에만 이곳에서 지냈다. 엘리자베스는 거처 밖에 석조 발코니를 만들어 신선한 공기를 마시며 운동을 했다. 그리고 궁전 안에는 긴 통로를 만들어 비가 오는 날에도 비를 맞지 않고 돌아다닐 수 있었다. 윈저 궁의 화장실에는 수도 시설이 갖추어져 있었고, 여왕은 근처 그레이트 공원에서 사냥하는 것을 즐겼다.

2. 논서치 궁: 헨리가 지은 논서치 궁은 엘리자베스가 가장 좋아하는 궁전으로 꼽히며, 은색과 금색 탑들이 궁전의 네 귀퉁이를 장식하고 있었다. 논서치 궁은 방이 부족해서 엘리자베스가 이곳에 지낼 때면 신하들의 숙소용 텐트가 여기저기 널려 있었다.

3. 햄프턴 궁: 1562년에 엘리자베스는 여기에서 천연두에 걸려 죽을 뻔했다. 궁전의 벽은 금박과 은박으로 장식되었고 아름다운 조각이 새겨져 있었다.

4. 리치몬드 궁: 수많은 둥근 돔과 뾰족한 첨탑, 그리고 아름다운 정원을 갖추고 있었다. 궁전에는 깨끗한 샘물이 흘렀고, 가뭄 대비가 가장 잘된 왕실 궁전이었다. 엘리자베스는 이곳을 '내 노후의 보금자리'라고 불렀다.

5. 세인트 제임스 궁: 엘리자베스는 메리 여왕이 죽은 장소라는 이유로 이곳을 별로 좋아하지 않았다. 하지만 화이트홀 궁전을 청소해야 할 때, 멀리 떨어진 궁전으로 이사하고 싶지 않으면 이곳에서 지냈다.

6. 화이트홀 궁: 방이 2000개나 되는 가장 큰 궁전이다. 큰 정원들과 과수원이 딸려 있었고, 궁정 신하들을 모두 모아 설교를 할 수 있을 만큼 널찍한 안마당이 있었다. 엘리자베스의 침실은 비좁았지만 화장실이 딸려 있었고 강으로 가는 전용 도로가 나 있었다.

7. 런던탑: 오늘날에도 그 자리에 남아 있다. 엘리자베스는 런던탑을 싫어해서 대관식 이후에는 결코 런던탑에 묵지 않았다. 하지만 런던탑에는 여왕의 대관식용 보석과 예복이 보관되어 있었고, 항상 여왕의 거처가 준비되어 있었다. 당시에는 작은 동물원도 딸려 있었다.

8. 그리니치 궁: 세 개의 둥근 안뜰을 중심으로 지어진 작지만 화려한 궁전. 엘리자베스는 궁전의 거대한 탑에 올라가 관함식*을 구경하거나 항해를 떠나는 프랜시스 드레이크 경을 배웅하곤 했다.

* 관함식: 국가의 원수가 자기 나라의 함대를 검열하는 의식

왕짜증 메리

엘리자베스는 여왕이 된 뒤 몇 년 동안 나라를 아주 잘 다스렸다. 여왕은 가톨릭 교도와 과격한 프로테스탄트 교도 사이에서 중심을 잘 잡았다. 결혼을 계속 미루고 영국의 처녀 여왕이라는 사실을 내세워 홍보에서도 큰 성공을 거두었다.

게다가 에드워드 6세나 메리 1세와는 달리 왕이 죽기만을 기다리고 있는 반대파 종교의 이복 자매에 대해서 걱정하지도 않았다.

나에 대해 궁금하다면 얼른 근처 서점으로 달려가서 《스코틀랜드의 메리 여왕과 여왕의 쓸모없는 남편들》이라는 책을 읽어 보렴.

그러나 왕짜증 오촌인 스코틀랜드 메리 여왕이 평생 엘리자베스의 자리를 노렸다.

엘리자베스는 헨리 7세의 손녀였고 메리 스튜어트는 헨리 7세의 증손녀였으니, 두 사람은 오촌 지간이었다. 메리의 아버지는 스코틀랜드의 제임스 5세였고, 메리의 어머니인 기즈의 마리는 프랑스에서 가장 강력한 집안의 후손이었다.

메리의 아버지는 메리가 태어난 지 일주일도 되지 않아 세상을 떠났다. 기즈의 마리는 여섯 살 난 메리를 프랑스로 보내고 자신은 스코틀랜드에 남아 스코틀랜드를 통치했지만, 통치 능력이 그다지 뛰어나지 않았다. 프랑스로 간 메리는 열네 살 때 프랑스의 왕세자와 결혼했다.

그녀의 시아버지인 프랑스 왕은 영국의 메리 1세가 죽자 기회를 놓칠세라 스코틀랜드의 메리가 영국의 적법한 여왕이라고 선언했다.

엘리자베스의 비밀 일기

1559년 1월

뻔뻔스러운 것! 메리는 자기가 스코틀랜드와 영국의 여왕이라고 떠들고 다닌다! 게다가 스코틀랜드와 영국 문장이 절반씩 섞인 문장까지 쓰고 있다!

세실은 메리가 직접 이런 것을 꾸민 게 아니라고 말했다. 메리의 시아버지인 프랑스 왕이 내 화를 돋우려고 꾸민 것이라는 거다.

글쎄, 만약 그렇다면 그는 성공했다. 난 정말 화가 났으니까.

> 영국 왕위 계승권이 있는 가톨릭 교도인 메리가 다시 아버지의 이혼 이야기를 꺼내며 나를 몰아붙이다니.
> 교황이 날 당장 파문하고, 영국 가톨릭 교도들이 작당해 메리를 영국 여왕으로 내세울지도 모르겠다.
> 아무래도 찍소리도 못하게 메리를 꾹 밟아 주는 수밖에 없다!
> 그것도 서둘러서!

엘리자베스는 영국이 프랑스와 스코틀랜드로부터 이중 공격을 받는 것 같아서 걱정이 태산이었다.

때마침, 스코틀랜드에서 존 녹스라는 성질 급한 성직자가 프로테스탄트들을 이끌고 혁명을 일으켰다. 엘리자베스는 존 녹스를 싫어했지만, 스코틀랜드에 프랑스와 가톨릭 교도를 싫어하는 귀족들이 많다는 것을 알고 기뻐했다. 스코틀랜드 귀족들은 영국의 도움을 받아 스코틀랜드에서 프랑스 세력을 제거하려고 했다.

엘리자베스는 어린 시절에 파란만장한 사건들을 겪으면서 두 가지 처세법을 배운 바 있다.

> 1) 아무 말도 하지 않고 사람들을 궁금하게 만들 것.
> 2) 새빨간 거짓말을 할 것.

엘리자베스는 이번에 두 번째 방법을 선택했다. 그리고 비밀리에 돈을 보내서 스코틀랜드 귀족들을 도왔다.

엘리자베스가 겉으로 한 말	엘리자베스가 몰래 한 말

　세실은 스코틀랜드로 쳐들어가 반란군을 돕고 싶었지만, 조심성이 많은 엘리자베스는 찬성하지 않았다. 여왕은 전쟁이란 인명과 돈의 낭비라고 생각했다. 게다가 스코틀랜드의 프로테스탄트 귀족들은 불리한 상황이었고, 곧 에스파냐까지 프랑스 편을 들고 나설 판국이었다.

　엘리자베스는 세실을 스코틀랜드로 보내서 스코틀랜드의 섭정인 마리를 만나도록 했다. 마리는 귀족들과 화해하기를 간절히 원하고 있었다. 세실은 마침내 마리와 에든버러 조약을 맺고 돌아왔다.

에든버러 조약

1. 지금부터 스코틀랜드의 평화를 위해 귀족 협의회가 스코틀랜드를 통치한다.
2. 프랑스군은 스코틀랜드에서 즉시 전원 철수한다.
3. 스코틀랜드의 메리 여왕과 여왕의 남편인 프랑스의 프랑수아 왕은 엘리자베스가 영국의 적법한 여왕임을 인정한다.
4. 메리 여왕과 프랑수아 왕은 지금부터 메리 여왕을 영국 여왕이라고 부르지 않고, 메리는 영국 문장을 사용하지 않는다.

1560년 7월 6일 서명
윌리엄 세실(엘리자베스 여왕의 대리인)
윌리엄 메이틀랜드(스코틀랜드 섭정 마리의 대리인)

이 조약은 엘리자베스에게는 희소식이었으며, 스코틀랜드에는 평화를 가져왔다. 세실은 큰 칭찬과 상금을 잔뜩 기대하며 런던으로 돌아왔다. 그때 엘리자베스는 로버트 경에게 한참 빠져 있었고, 로버트의 아내가 죽기 얼마 전이었다.

엘리자베스의 비밀 일기

1560년 8월 2일

세실이 스코틀랜드에 다녀오면서 돈을 많이 썼다고 징징댔다. 게다가 나더러 스코틀랜드 귀족들에게 돈을 보내서 그들의 환심을 사라고 야단이다.
대체 그게 무슨 소용이람?

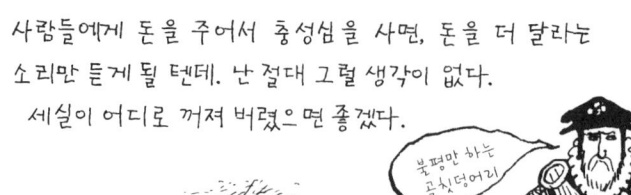

세실은 에든버러 조약을 맺기 위해 쓴 돈을 여왕에게 받지 못했다. 그러나 로버트 경의 아내가 알쏭달쏭하게 죽으면서, 세실은 다시 여왕의 총애를 받게 되었다. 그리고 스코틀랜드에도 다시 평화가 찾아왔다. 다만 스코틀랜드의 메리 여왕과 프랑수아 왕이 에든버러 조약에 서명하지 않았다는 문제가 남아 있었다. 메리 여왕은 이렇게 말했다.

1560년 12월, 프랑수아 왕이 젊은 나이에 중이염으로 갑작스럽게 죽었다. 열아홉 살에 과부가 된 메리 여왕은 스코틀랜드로 돌아오기로 결심했다. 그리고 엘리자베스에게 편지를 보내, 영국을 거쳐 스코틀랜드로 가도 괜찮겠느냐고 물었다. 엘리자베스에게 드디어 절호의 기회가 생긴 것이다.

메리는 서명하지 않았다. 그리고 영국을 거치지 않고 배를 타고 스코틀랜드로 돌아갔다. 기즈의 마리는 이미 죽었고, 메리의 이복 오빠인 머리 백작 제임스 스튜어트가 스코틀랜드를 통치하고 있었다. 스코틀랜드로 돌아간 메리는 어려움을 겪을 수밖에 없었다. 스코틀랜드에서 프로테스탄트 세력이 점차 커지고 있었기 때문이다. 하지만 그때만 해도 스코틀랜드 국민들은 젊고 매력적인 새 여왕을 맞이해 매우 기뻐했다.

남편을 잃은 메리는 엘리자베스와 친하게 지내고 싶어 했다. 메리는 엘리자베스가 에든버러 조약의 서명을 원한다는 사실을 알고 있었다. 그래서 엘리자베스가 자신의 영국 왕위 계승권을 인정하면 조약에 서명하겠다고 말했다. 엘리자베스는 콧방귀도 뀌지 않았다.

왕권 경쟁

엘리자베스는 언니가 여왕이었을 때 자기를 중심으로 프로테스탄트 반란이 일어났던 것처럼, 스코틀랜드의 메리를 중심으로 영국에서 가톨릭 교도의 반란이 일어날까 봐 겁이 났다. 그리고 자기를 제치고 유럽 최고의 신붓감으로 떠오른 메리를 질투했다.

유럽 최고의 신붓감 경연 대회

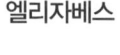 엘리자베스

 메리

- 영국 여왕.
- 젊고 똑똑하고 으스대기를 좋아함.
- 살인 혐의를 받고 있는 로버트 경과 끈적한 사이.
- 구혼자들을 계속 거절함.

- 스코틀랜드 여왕.
- 언젠가 영국 여왕이 될 가능성도 많음.
- 강력한 기즈 집안을 등에 업고 있음.
- 젊고 여자답고 아름다움.
- 남편감을 적극적으로 찾고 있음.

　당시에 스코틀랜드는 영국 궁정에 제임스 멜빌 경을 대사로 파견했다. 엘리자베스는 늘 멜빌 경 앞에서 으스댔고, 메리보다 예쁘게 보이려고 기를 썼다. 뿐만 아니라 멜빌 경의 입으로 자기가 메리보다 예쁘다는 말을 듣고 싶어서 안달을 했다.

어느 날 저녁, 멜빌 경으로부터 메리 여왕이 버지널을 연주한다는 이야기를 들은 엘리자베스는 자기가 버지널을 연주하는 방에 멜빌 경이 '우연히' 들어오도록 손을 썼다.

마침내 눈치 없는 멜빌 경도 눈치를 챘다. 엘리자베스는 칭찬을 받지 않고는 도저히 못 견디는 성격이었던 것이다. 멜빌 경은 방으로 걸어 들어오면서 이렇게 말했다.

> 아름다운 음악 소리에 끌려 듣고 저도 모르게 들어 왔습니다, 전하.

엘리자베스는 기뻐서 어쩔 줄을 몰랐지만, 그래도 한 가지 질문만은 잊지 않았다. 어떤 질문이었을까?

엘리자베스의 비밀 일기

1564년 9월

이제 그 소리는 지긋지긋하다. 메리가 예쁘다느니 우아하다느니 아름답게 춤을 춘다느니 상냥하다느니 하면서 다들 야단이다!

나는 궁정 신하들에게 예쁘다는 소리를 듣기 위해서 갖은 애를 쓰는데, 메리는 가만히 있어도 다들 침을 흘리며 칭찬을 늘어놓기에 바쁘다.

앞으로 메리가 누구와 결혼하는지 똑똑히 지켜보아야겠다. 다행히 펠리페 2세는 프랑스의 엘리자베트 공주와 이미 결혼했으니, 메리와 결혼할 수 없겠지. 하지만 메리가 신성 로마 제국의 페르디난트 1세와 결혼하면 훨씬 힘이 세질 테니까 그건 막아야겠다.

메리가 영국 귀족과 결혼하면 정말 좋을 텐데. 메리와 결혼시키기에 적당한 사람이 하나 있긴 하다.

로버트 더들리는 스코틀랜드로 가는 것을 끔찍이 싫어했다. 백작 작위를 받으면서도 우울한 기색을 역력히 드러냈다. 여왕은 엄숙한 작위 수여식에서 로버트 경의 목을 간질여서 모든 사람에게 충격을 주었다.

그러나 로버트 경은 더 이상 걱정할 필요가 없었다. 스코틀랜드 메리 여왕은 아내를 죽였다는 의심을 받는 남자와 결혼하고 싶은 생각이 눈곱만큼도 없었기 때문이다.

게다가 메리 여왕에게는 사랑하는 남자가 따로 있었다.

메리 여왕이 사랑한 남자는 레녹스 백작 부인의 아들 헨리 단리였다. 단리 경은 영국 왕위 계승권이 있는 영국 귀족이었다. 그렇기 때문에 두 사람이 결혼하려면 엘리자베스 여왕의 허락이 필요했다. 단리 경이 메리 여왕과 결혼하여 아이를 낳으면, 그 아이는 영국에서 강력한 왕위 계승권을 지니기 때문이었다.

그러나 두 사람은 엘리자베스의 허락 없이 결혼했고, 그 소식을 들은 엘리자베스 여왕은 길길이 날뛰었다. 엘리자베스는 단리의 엄마 레녹스 백작 부인을 즉시 런던탑에 가두었다.

엘리자베스는 두 사람의 결혼에 화가 났지만, 어쨌든 유럽 최고의 신붓감 자리를 되찾았다. 그리고 메리의 결혼을 통해서 자신이 사랑하는 훈남 로버트 경과 결혼했다면 무슨 일이 벌어졌을 것인지, 두 눈으로 똑똑히 보게 되었다.

메리의 끔찍한 결혼 생활

단리 경은 메리보다 나이가 어린 응석받이 젊은이였고, 늘 술을 잔뜩 마시고 바람을 피웠다. 게다가 메리 여왕이 이탈리아인 비서관, 다비드 리치오와 바람을 피운다고 의심했다. 귀족들은 단리 경을 꾀어서 리치오를 죽일 음모를 꾸몄다.

엘리자베스의 비밀 일기

1566년 3월

스코틀랜드로부터 끔찍한 소식이 들렸다. 홀리루드 궁에서 풋내기 단리 경이 귀족 패거리를 끌고 와 메리의 눈앞에서 다비드 리치오를 죽였다고 한다.

그들은 임신 7개월이었던 불쌍한 메리에게까지 총부리를 겨누었다. 메리가 아기를 유산하지 않은 게 기적이다. 하지만 난 그다음에 벌어진 일을 도저히 이해할 수가 없다.

메리가 리치오를 죽인 단리 경과 한밤중에 던바 성으로 떠났다. 그게 사실이라면 메리는 살인자인 단리 경을 용서해 주었다는 뜻이지 않은가!

얼마 후 메리는 아들을 낳았다.

엘리자베스의 비밀 일기

1566년 6월 24일

일요일 저녁에 춤을 추고 있는데 제임스 멜빌 경이 도착했다. 나는 곁눈질로 멜빌 경이 세실과 이야기하는 모습을 훔쳐보았다. 세실은 메리가 나흘 전에 건강한 아들을 낳았다고 내게 알려 주었다.

메리와 단리 경은 아이의 이름을 제임스로 지었다고 한다. 그 아이가 자라면 장차 스코틀랜드의 제임스 6세가 될 것이다. 그리고 내가 아이를 낳지 못하고 죽으면, 언젠가 영국의 제임스 1세가 될지도 모른다. 하지만 그건 내가 죽은 뒤의 일이고, 그때까지는 내가 영국의 여왕이다.

> 메리는 내가 제임스의 대모가 되었으면 좋겠다고 전했다. 나는 그렇게 하겠다고 대답하고, 보석으로 장식된 황금 세례반을 멜빌 경 편에 실어 스코틀랜드로 보냈다.

*세례반 : 세례식에서 사용하는 큰 그릇.

세 달 뒤에 스코틀랜드로부터 더욱 놀라운 소식이 들려왔다. 단리의 집이 폭발해서 단리 경이 죽었다는 것이었다. 사납고 억센 보스웰 백작이 단리 경을 죽였다는 의심을 받았지만, 메리는 보스웰 백작을 처벌하지 않았다. 그리고 네 달 뒤에는 메리가 보스웰 백작과 결혼했다는 소식이 들렸다…….

엘리자베스는 메리가 보스웰 백작과 결혼하면 평판이 나빠지리라는 점을 잘 알고 있었다. 엘리자베스가 메리에게 보낸 진짜 편지를 조금 살펴보자.

전하의 진정한 친구라면 누구라도 이 결혼을 찬성할 수 없고, 이 결혼을 찬성하는 자는 전하를 욕되게 하는 것이오. 그런 자와 성급히 결혼하는 것보다 더 명예를 욕되게 하는 일이 무엇이 있겠소. 그는 다른 결점으로도 악명이 높지만, 무엇보다도 많은 사람들이 전하의 남편을 죽였다고 말하는 자가 아니오?

엘리자베스의 말은 옳았다. 스코틀랜드에 처음 도착했을 때만 해도 하늘을 찌르던 메리의 인기는 이제 바닥으로 곤두박질쳤다. 메리는 스코틀랜드 내전에서 패하자 가족과 친구들이 있는 프랑스가 아닌 영국으로 피신하기로 결정했다. 이것은 정말이지 어리석은 결정이었다.

엘리자베스는 왕위 계승권이 있는 가톨릭 교도 친척이 영국으로 쳐들어오는 것을 원하지 않았다. 그러니 메리가 그 뒤 19년 동안이나 영국에서 죄수 신세가 된 것도 놀랄 일이 아니다.

어리석은 메리는 이런 일이 일어나리라고는 꿈에도 생각하지 못했다.

> 엘리자베스 전하께
> 제 신하들이 제게 한 짓에 대해 전하도 저만큼 충격을 받으셨을 것입니다. 그래서 저는 전하의 자비에 몸을 맡기게 되었습니다. 부디 군대를 보내 제가 다시 스코틀랜드의 적법한 여왕 자리를 되찾도록 도와주시기를 간절히 청합니다.
>
> 1568년 5월 18일
> 전하의 오촌이자 전하의 후계자(라고 해도 되죠?)
> 누가 뭐라고 해도 스코틀랜드 여왕 메리

놀랍게도 엘리자베스는 처음에는 메리를 돕는 데 적극 찬성이었다. 어쩌면 귀찮은 메리를 떼어 놓으려고 그랬는지도 모른다. 엘리자베스는 왕과 여왕은 하느님의 선택을 받아 나라를 통치하기 때문에, 국민에게는 왕과 여왕을 쫓아낼 권리가 없다고 굳게 믿었다.

그러나 추밀원은 메리를 돕는 것에 찬성하지 않았다. 그리고 메리가 십중팔구 단리 경을 살해했으며, 메리의 이복 오빠인 머리 백작에게 메리를 넘겨야 한다고 주장했다. 당시에 머리 백작은 프로테스탄트 연합을 구성해서 스코틀랜드를 통치하고 있었다.

결국 단리 경의 살해 사건을 조사하기로 결정이 났다. 머리 백작은 메리가 단리 경을 죽였다는 것을 증명하지 못했다. 그러나 메리도 결백을 증명하지 못했다. 머리 백작은 5000파운드를 선물로 받고 무사히 스코틀랜드로 돌아간 반면에, 메리는 영국 투트베리 성에 갇히는 신세가 되었다.

위험한 죄수

> **엘리자베스의 비밀 일기**
>
> 1569년 1월
>
> 대체 오촌 메리를 어떻게 해야 할까? 스코틀랜드 국민은 메리가 돌아오기를 바라지 않고, 나는 메리가 영국에 있는 게 싫다. 언젠가 누군가 반란을 일으켜 메리를 석방하려 할 텐데 큰 일이다.

엘리자베스의 생각이 옳았다. 얼마 지나지 않아서 가톨릭 교도인 북부 지방의 공작과 백작들이 반란을 일으켰고, 메리를 석방시켜 영국 여왕으로 세우기 위해 남쪽으로 진군했다.

반란은 결국 실패로 돌아갔다. 그런데 그 사이에 교황은 가톨릭 교도가 영국 여왕이 된다는 생각에 흥분한 나머지 엘리자베스를 파문해 버렸다.

의회와 추밀원은 크게 분노했다. 그들은 엘리자베스에게 가톨릭 교도들을 탄압하라고 부추겼다. 그때부터 종교를 믿는 데도 돈이 들기 시작했다.

이렇게 해서 프로테스탄트와 가톨릭 교도를 공평하게 대했던 엘리자베스의 종교 정책도 막을 내렸다. 엘리자베스는 가톨

릭 교도들에게 가혹하게 대하기 시작했다. 피의 메리 1세 여왕이 프로테스탄트들에게 했던 것에 비하면 새 발의 피지만.

한편 오촌 메리는 엘리자베스를 무너뜨릴 기회를 호시탐탐 노리고 있었다. 메리의 최대 무기는 남자들의 마음을 사로잡는 것이었다. 메리를 조사하던 노퍽 공작까지도 메리에게 마음을 빼앗길 정도였다.

노퍽 공작은 메리에게 푹 빠져서 메리와 결혼하려 했다. 엘리자베스는 그를 런던탑에 가두었다. 그런데 나중에 엘리자베스가 노퍽 공작을 풀어 주자, 그는 채 몇 주일도 되지 않아서 이탈리아인 은행가 리돌피와 에스파냐의 알바 공작과 손을 잡고 음모를 꾸몄다.

노퍽 공작은 다시 체포되었고, 이번에는 반역죄 혐의로 사형 판결을 받았다. 엘리자베스는 처음에는 노퍽 공작의 사형 집행서에 서명하지 않았다. 엘리자베스는 처형을 좋아하지 않았고, 특히 잘 아는 사람을 처형하는 건 더욱 싫었으니까.

엘리자베스의 비밀 일기

1572년 5월 31일

세실과 로버트는 메리를 처형하라고 날마다 졸라 댄다. 나는 메리가 내게 위험한 인물이지만, 그녀를 스코틀랜드로 돌려보내지도 처형하지도 않을 것이다.

하지만 다른 사람이 메리를 처형한다면 대환영이다. 메리는 내 오촌이지만, 그녀의 주변에는 힘 있는 친구들이 아주 많이 있다.

내가 메리를 죽이면 프랑스에 있는 메리의 기즈 가문이 한꺼번에 덤빌 텐데, 그건 곤란하지. 하지만 난 노퍽 공작의 사형 집행서에 서명했다. 그럴 수밖에 없었다.

메리와 한통속이 되어 내 왕국을 빼앗을 음모를 꾸미는 자들이 어떻게 되는지 국민들에게 똑똑히 알려야 하니까.

하지만 난 이런 일이 싫다.

노퍽 공작은 썩 괜찮은 청년이었는데 아깝다.

노퍽 공작은 1572년 6월 2일에 처형되었다. 엘리자베스가 여왕이 된 지 14년 만의 일이었다.

나는 가톨릭 교도가 아니지만, 이번 처형은 정당한 것이오. 자비로운 여왕 전하가 재위하신 뒤로 이곳에서 처형되는 사람은 내가 처음이지요. 그리고 내가 마지막이 되길 바란답니다.

엘리자베스의 세계: 여왕의 시녀들

채용 공고

영국 왕실에서 일할 황금 같은 기회가
여러분을 기다리고 있습니다.
여왕 전하의 시녀 자리가 하나 비었거든요.

지원 자격: 14세에서 25세 사이의 탱탱한 여성. 영국에서 태어나 영어 외에 라틴어와 그리스어를 할 줄 알고, 프랑스어나 이탈리아어나 에스파냐어 중 한 가지를 할 줄 알아야 함. 음악에 재능을 겸비하고, 철학과 운동을 좋아하는 지원자에게는 가산점 부가.

지원자는 출생과 가문에 대한 모든 사실을
낱낱이 쓴 이력서를 다음 주소로 보내 주세요.
사서함 번호 TT 1212.

부유한 가문들은 딸을 궁정 시녀로 보내려고 많은 돈을 썼다. 시녀 자리가 빌 때마다 수많은 귀족 가문들이 딸을 시녀로 보내려고 야단법석이었다.

엘리자베스는 자기가 왕위에 오르기 전에 그랬던 것처럼, 시녀들에게 흰색과 검은색으로 된 옷만 입게 했다. 엘리자베스는 흰색과 검은색 옷을 입은 시녀들을 병풍처럼 거느리고, 자신은 화려한 옷과 보석으로 치장해 돋보이고 싶었다. 어느 날 여왕은 화려한 색깔의 옷을 입은 시녀 때문에 자기가 돋보이지 않았다고 생각해서 몰래 시녀의 옷을 입어 보기도 했다. 하지만 옷이 몸에 맞지 않자, 그 시녀에게 그렇게 예쁜 옷을 입을 주제가 못 되니 더 이상 그 옷을 입지 말라고 명령했다.

엘리자베스는 시녀들에게 포악하게 굴고 시녀들이 결혼하는 것을 싫어한 것으로 유명했다. 여왕의 심기를 거슬러서 눈 밖에 난 시녀와 신하들의 사례를 살펴보자.

캐서린 그레이
비운의 여왕인 제인 그레이의 동생. 캐서린이 프로테스탄트였다면, 프로테스탄트 중에서 가장 강력한 왕위 계승권을 누렸을 것이다. 하지만 메리 여왕 시절에 이미 가톨릭으로 종교를 바꾸었다. 에스파냐는 캐서린을 자국의 왕자와 결혼시키려고 했고, 이 사실을 안 엘리자베스는 캐서린을 감시하려고 침실 시녀로 삼았다.
그러나 어린 캐서린은 에드워드 왕의 섭정 노릇을 했던 에드워드 시무어의 아들 에드워드와 사랑에 빠졌다. 두 사람은 에드워드의 누이인 제인 시무어의 도움을 받아 몰래 결혼했다. 캐서린은 결혼 후에 궁정으로 돌아갔고, 엘리자베스를 따라 여왕 행차를 갔을 때 이미 임신한 상태였기 때문에 사람들의 눈총을 받았다. 캐서린의 결혼 사실을 안 엘리자베스는 크게 화를 냈다. 엘리자베스는 캐서린과 에드워드를 런던탑의 감방에 따로따로 가두었다.

캐서린은 아들을 낳았고, 이 아이는 강력한 왕위 계승권을 가지게 되었다. 그리고 캐서린과 에드워드는 런던탑에 갇혀 있으면서도 1년 후에 또 아이를 낳았다!

엘리자베스는 법관들을 시켜서 캐서린과 에드워드의 결혼이 합법적인지 알아보았다. 에드워드의 누이 제인이 죽어서 두 사람의 결혼식에 참석했던 사제나 증인이 아무도 없었기 때문에, 법관들은 결혼이 무효라고 선언했다. 그래서 캐서린이 낳은 두 아들은 서자가 되었고, 그들의 왕위 계승권은 크게 약해졌다. 불쌍한 캐서린은 7년간이나 런던탑에 갇혀 지내다가 1568년에 죽었다.

메리 그레이
제인 그레이의 동생. 등이 기형으로 휘어 키가 작았던 메리는 평민인 토머스 키스와 사랑에 빠졌다. 메리는 여왕의 짐꾼인 토머스와 비밀 결혼을 했다. 두 사람이 낳은 아이가 왕위 계승권을 가질 가능성은 거의 없었지만, 엘리자베스는 이번에도 성질을 부렸다. 엘리자베스는 토머스와 메리를 각각 플리트 감옥과 집안에 3년간 가두었고, 두 사람의 결혼을 무효로 만들려고 갖은 애를 썼지만 결국 실패했다. 마침내 엘리자베스는 메리와 만나지 않겠다는 약속을 받아낸 뒤에 토머스를 풀어 주었고, 훗날 토머스가 죽자 메리에게 상복을 입는 것조차 허락하지 않았다.

메리 셸턴

메리 셸턴이 제임스 스쿠다모어 경과 결혼하자 엘리자베스는 메리에게 주먹을 휘둘렀다. 메리는 손가락이 부러진 채 여왕의 방을 나왔다. 나중에 엘리자베스는 메리에게 사과했고, 메리를 내실 시녀로 승격시켰다.

앤 바바수어

앤은 결혼식을 생략하고 곧바로 서자를 하나 낳았다. 엘리자베스는 앤에게 궁정에서 쫓겨나는 수치를 주었지만, 아이 아버지에게 양육비로 2000파운드를 받아 냈다.

메리 피튼

메리는 남장을 하고 나가서 벌목꾼을 만나다가 들켜 궁정에서 영원히 추방되었다.

이런 이야기들을 들으면 엘리자베스가 완전히 정신이 나간 것 같다고? 하지만 꼭 그렇지만은 않다. 엘리자베스는 둘 사이에서 태어날 아기에게 왕위 계승권이 있거나, 자기가 좋아하는 남자와 결혼하거나, 정말 정신이 나갔을 때만 이렇게 행동했으니까.

그 외에는 으스대기 좋아하는 평범한 여자 교장 선생님처럼 행동했다. 그리고 어떤 시녀들은 매우 어렸고, 시녀들의 상대가 방탕한 남자들이었다는 사실도 잊지 말자. 엘리자베스는 시녀들이 얌전히 행동해서 궁정에 모범을 보이기를 바랐을 뿐이다.

여왕의 가장 친한 친구가 되어 평생 동안 여왕 곁에 머무른 시녀들도 많았다.
- 블랜치 패리(토머스 패리의 아내), 그리고 엘리자베스가 어릴 때부터 함께 지냈던 캣 애슐리는 죽을 때까지 엘리자베스 곁에 남았다.
- 시인 필립 시드니의 엄마이자 매우 총명했던 메리 시드니도 평생 엘리자베스 곁에 머물렀다.
- 메리 래드클리프는 엘리자베스처럼 되고 싶어서 평생 결혼하지 않았다. 엘리자베스는 다른 시녀들도 메리처럼 행동하기를 간절히 원했다.

돈과 남자

> 내가 충분히 기회가 있었는데도 영토를 넓히지 않은 것은 고지식함 때문인지도 모른다. 나는 이웃 나라를 침략해 다른 이의 자리를 빼앗고 싶지 않다. 공정한 주군으로서 내 나라를 통치하는 것으로 만족한다.

엘리자베스는 많은 것을 정복했지만, 다른 나라를 정복하지 않았다. 엘리자베스가 천사처럼 마음씨가 착해서가 아니라, 전쟁을 할 돈이 없다는 사실을 잘 알았기 때문이다. 프랑스나 에스파냐 왕에 비해서 엘리자베스는 돈에 쪼들렸다.

엘리자베스의 회계 장부

수입	지출
왕실 소유지 임대료: 13만 파운드	왕실 유지 비용: 7만 파운드
세금(관세와 소비세): 9만 파운드	관료 월급: 2만 파운드
	옷값: 3만 파운드
	이자: 10만 파운드
총: 22만 파운드	총: 22만 파운드

　엘리자베스가 지출을 이렇게 낮춘 것은 돈 관리를 매우 잘했기 때문이다. 엘리자베스는 수입 22만 파운드를 가지고, 궁정을 유지하고 관료들의 월급을 주고 나라를 다스려야 했다.

　물론 전쟁을 일으키면 의회에 세금을 올려 달라고 요구할 수 있었다. 하지만 엘리자베스는 국민들이 납세를 좋아하지 않는다는 것을 잘 알았기 때문에 전쟁을 일으키지 않았다.

　납세 외에 돈을 구하는 유일한 길은 네덜란드 앤트워프의 고리대금업자들에게 돈을 빌리는 것이었다. 하지만 고리대금업자들은 여왕이 돈을 갚지 않으면, 영국 상인들의 상품을 마음대로 빼앗을 수 있었다. 국민들이 이런 방법을 좋아할 리도 없었다.

　그래서 엘리자베스는 자린고비처럼 돈을 아꼈고, 추밀원 고문관이나 동맹들을 돈으로 매수해서 자기편으로 만들지도 않았다. 그리고 무엇보다 전쟁을 피하려고 애썼다.

　그러나 엘리자베스는 자기가 모르는 사이에 일어나거나, 자기 돈이 들지 않는 사소한 충돌쯤은 전혀 신경 쓰지 않았다. 당시에 젊은 영국인 선장들은 에스파냐 선박들을 노략질하고 다녔다. 엘리자베스는 대개 프로테스탄트이며 모험을 즐기고 충성스러운 이 선장들과 친하게 지냈다. 그들 가운데 가장 유명한 사람은 프랜시스 드레이크 선장이었다.

드레이크의 모험

1572년 드레이크는 에스파냐가 신세계에서 발견한 엄청난 양의 황금과 보석을 노략질해 영국으로 가져왔다. 엘리자베스는 드레이크를 궁전으로 초대해 그의 모험담을 듣곤 했다.

1577년 엘리자베스는 드레이크와 손을 잡고 그의 신세계 탐험에 많은 돈을 투자했다. 월싱엄과 레스터와 크리스토퍼 해턴 경도 탐험에 공동 투자했다. 그리고 드디어 드레이크가 세계 일주를 떠났다.

1580년 드레이크는 자그마치 80만 파운드의 값어치가 있는 보물을 훔치고 감자와 담배 나무 같은 견본 작물을 들고 고국으로 돌아왔다. 그리고 '라마'라고 하는 이상한 동물 이야기를 들려주었다.

엘리자베스가 드레이크를 그렇게 좋아했던 것은 당연했다. 여왕은 모험에 투자한 대가로 80만 파운드에 달하는 에스파냐 보물 가운데 16만 파운드나 되는 보물을 얻었다. 에스파냐는 드레이크에게 보물을 얻었다. 그들의 것도 남아메리카의 광산과 고대 인디언 무덤에서 약탈한 것이었다.

그리고 여왕은 에메랄드 다섯 개가 박힌 멋진 왕관을 드레이크 선장에게 선물로 받아 이듬해 설날에 유용하게 썼다. 그해에 엘리자베스의 회계 장부는 매우 바람직해 보였다.

알고 보니 영국 기후에는 담배보다 감자 재배가 더 적합했다. 감자는 추운 날씨에서도 잘 자랐지만, 담배는 기후가 따뜻한 곳에서 잘 자랐기 때문이다. 감자를 처음 본 엘리자베스의 요리사는 감자를 버리고 감자 잎사귀로 요리하다가 그만 해고를 당했다.

프랑스 구혼자의 등장

엘리자베스는 에스파냐의 펠리페 2세와 점점 사이가 나빠지면서 강력한 동맹이 필요해졌다. 그러려면 프랑스 왕자가 안성맞춤이었다. 프랑스 왕의 남동생인 앙주 공작은 이미 다른 여자와 사랑에 빠졌기 때문에 후보에서 탈락되었지만, 그보다 더 어린 남동생이 하나 있었다.

엘리자베스의 비밀 일기

1571년 12월

앙주 공작은 드 샤토뇌프에게 푹 빠져 있다. 하지만 그의 동생 알랑송 공작이 있다…… 그는 키가 땅딸막하고 얼굴은 곰보에다 나이는 겨우 열일곱 살이다. 그러니 별로 가능성이 없을 것 같지만 스미스 경은 그가 '혈기왕성하고 건장'하다고 표현한다. 그와 결혼해서 아이가 생기면 스코틀랜드 메리 여왕의 영국 왕위 계승권은 사라지겠지.

키 높이 깔창이 더 필요해.

그러나 아주 오랫동안 아무 일도 일어나지 않았다. 그러다가 1578년에 알랑송 공작이 말재주가 뛰어난 장 드 시미에르를 보내 엘리자베스에게 아첨을 했다. 장 드 시미에르는 알랑송 공작의 형제를 죽인 위험한 인물이었지만 사람을 끄는 매력이 있어 유용했다. 얼마 지나지 않아 영국 궁정은 장 드 시미에르가 엘리자베스와 친하다는 이야기로 들끓게 되었다.

엘리자베스의 비밀 일기

1578년 11월

알랑송 공작은 어떤지 모르겠지만, 공작이 보낸 신하는 마음에 든다. 언제나 마음에 쏙 드는 말만 하는 이상적인 신하다. 그는 알랑송 공작이 보냈다면서 보석이 박힌 작은 책을 선물로 주었는데, 난 그 책을 사슬로 걸어 허리에 매달고 다닌다.

나는 그에게 원숭이라는 별명을 지어 주었고, 오늘밤에는 그를 위해 무도회를 열 생각이다.

무도회에서는 구혼자 여섯 명이 아가씨 여섯 명을 유혹하는 가면극을 공연할 예정이다.

하지만 모두가 시미에르를 싫어한 건 아니었다. 엘리자베스의 수석 보좌관이자 이제 벌리 경이 된 세실은 알랑송 공작과

의 결혼에 찬성이었다. 엘리자베스가 결혼하여 후계자를 낳아, 메리 여왕의 왕위 계승권을 누르기를 바랐기 때문이다.

한편 시미에르는 로버트 경의 중요한 비밀 하나를 알게 되었다.

엘리자베스의 비밀 일기

1579년 7월

로버트가 결혼했다. 감히 어떻게? 내가 외국 구혼자들에게 마음이 없다는 사실을 잘 알면서 어떻게 그럴 수가 있지! 난 외국 정부를 내 편으로 끌어들이기 위해서 그들을 좋아하는 척한 것 뿐인데!

로버트와 그의 키다리 아내를 런던탑에 가두어야겠다. 그러면 그도 뭔가 깨닫게 되겠지. 어떻게 감히 내게 한마디도 없이 결혼할 수가 있어? 난 로버트하고 결혼하고 싶었단 말이야.

추밀원 고문관들은 엘리자베스에게 아내가 없는 남자가 결혼하는 건 죄가 아니라고 바른말을 했다. 덕분에 로버트 경은 런던탑 신세는 면했지만 얼마간 궁정에 출입하지 말라는 명을 받았다. 엘리자베스는 로버트의 아내 레티스가 예쁜 옷을 차려 입고 궁정에 나타나자, 레티스의 뺨을 때리며 이렇게 말했다.
"동쪽에 태양이 하나이 듯 영국의 여왕은 나 하나요."
엘리자베스는 그 후로도 레티스에게 못된 말만 골라서 했고, 레티스에게 '늑대 인간'이라는 별명을 붙여 주었다.

엘리자베스의 비밀 일기

1579년 8월

난 레티스를 죽이고 싶다. 그 여자를 증오한다. 감히 내가 가장 사랑하는 남자를 내 눈앞에서 훔쳐 가다니! 로버트 경에게는 본때를 보여 줄 것이다. 그가 질투하도록 만들고 말테니 두고 봐.

어쩌면 엘리자베스는 로버트 경이 언제나 자신의 곁에 있을 거라고 생각했을지도 모르겠다. 그러던 차에 로버트 경을 다른 여자에게 빼앗겼으니 로버트 경의 대타가 필요할 수밖에. 어쨌든 엘리자베스는 알랑송 공작을 유혹하기로 결심했다. 우선 공작을 직접 만나 보기로 했다.
왕자와 공작들은 대개 영국으로 건너와 동물원의 원숭이 노릇을 하라고 하면 단번에 거절했지만, 알랑송 공작은 전혀 신경 쓰지 않았다.

 알랑송 공작은 1579년 8월에 템스 강을 건너 극비리에 그리니치로 왔다.

 알랑송 공작은 저녁까지 잠을 자면서 여행의 피로를 풀었다. 해 질 녘이 되자 엘리자베스는 시녀 한 명만 데리고 궁에서 몰래 빠져나와 템스 강 근처에 있는 시미에르의 숙소로 가서 알랑송 공작을 만났다.

엘리자베스의 비밀 일기

1579년 8월 18일

알랑송 공작을 만나고 얼마나 놀랐는지 모른다! 알랑송 공은 정말 매력적이다! 뭐 키가 작은 건 사실이지만, 체격이 좋고 아주 잘생겼다. 까무잡잡한 근육질의 프랑스 공작과 재치 넘치는 신하! 이 정도면 어떤 여자라도 대만족이지!

나는 그에게 개구리라는 별명을 지어 주었고, 내 평생 이렇게 마음에 드는 개구리는 처음 보았다고 모든 사람들 앞에서 말했다.

알랑송 공작은 영국에서 12일이나 머물렀다. 알랑송 공작과 엘리자베스는 조금씩 짬을 내어 몰래 연애했다. 사람들은 여전히 알랑송 공작이 영국에 오지 않은 것처럼 행동했기 때문에, 엘리자베스는 그를 당당히 궁정 무도회에 초대할 수 없었다. 그래서 엘리자베스는 알랑송 공작이 커튼 뒤에 숨어서 무도회를 구경하도록 일을 꾸몄다.

안타깝게도 엘리자베스는 알랑송 공작에게 잘 보이고 싶은 마음이 앞선 나머지, 저녁 내내 그가 있는 방향을 향해 손을 흔들고 펄쩍펄쩍 뛰며 춤을 추었다. 궁정의 신하들은 엘리자베스의 행동을 못 본 척 하느라고 진땀을 뺐다.

에스파냐 대사는 이렇게 말했다.

"그들은 알랑송 공작이 그곳에 없는 것처럼 행동했고, 여왕의 심기를 거스르지 않으려고 눈을 질끈 감고 궁정에 나가지 않았다. 사람들은 여왕이 국민과 의논하지 않고 결혼한다면, 결국 후회할 일이 생길 거라고 수군댔다. 로버트 경과 모든 추밀원 고문관들은 여왕의 행동에 황당함을 감추지 못했다."

다행히 알랑송 공작은 오래 머물지 않았다. 8월 말에 친구가 결투 중에 죽는 바람에 프랑스로 돌아간 것이다. 그는 프랑스로 가는 배 안에서 엘리자베스에게 무려 일곱 통이나 되는 편지를 보냈다. 그중 한 편지에서 그는 이렇게 썼다.

"만일 전하가 저와 결혼한다는 데 동의해 주신다면, 가장 완벽한 천상의 여신을 모시기 위해 평생을 살아온, 죽어 가는 한 남자의 목숨을 살려 주시는 겁니다."

엘리자베스는 남자가 이렇게 아첨해 주는 것을 좋아했다. 엘리자베스도 이렇게 시로 마음을 표현했다.

> 난 가슴이 아프지만 감히 마음을 드러내지 못해요.
> 난 사랑하지만 미워하는 척할 수밖에 없어요.
> 난 사랑에 빠졌지만 감히 표현하지 못해요.
> 난 입을 꼭 다물고 있지만 마음속으로는 속삭여요.
> 난 쌀쌀맞으나 마음속으로는 불타오르지요.
> 난 내 마음을 숨기고 있지만 내 마음은
> 햇살 속의 그림자처럼 날 따라오고
> 쫓아가면 달아나지요.
> 내 곁에 머물면서 내 행동을 따라 하지요.
> 오, 내가 행복하게 살도록 해 주세요.
> 그럴 수 없다면 차라리 죽어 사랑을 잊고 싶어요.

결혼 이야기

바야흐로 엘리자베스의 결혼 이야기가 오가기 시작했다. 그러나 추밀원 고문관들은 프랑스 측이 제시한 일부 조건에 단호히 반대했다. 추밀원은 여왕 부군의 대관식을 거행한 뒤에 곧바로 알랑송 공작을 왕위에 앉히거나 그에게 매년 6만 파운드를 주고 싶은 생각이 없었다. 그리고 영국 의회는 여왕이 프랑스인과 결혼하는 것 자체를 싫어했다.

프로테스탄트 신하들은 엘리자베스가 가톨릭 교도인 프랑스인과 결혼하는 것을 달갑게 여기지 않았다. 청교도인 존 스터브스는 여왕의 결혼에 관하여 이렇게 읽기 쉬운 제목까지 붙여서 책을 출간했다.

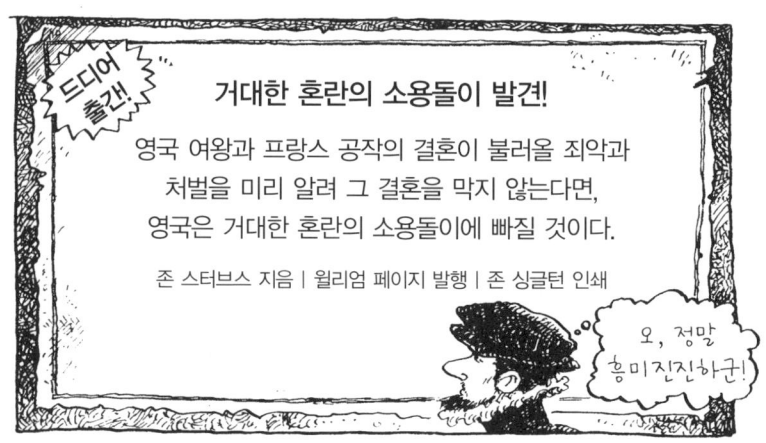

이 책은 알랑송 공작에 대해 무례한 말을 늘어놓았고, 심지어 사람들에게 여왕의 뜻에 반대하라고 부추겼다. 엘리자베스는 책을 읽으면서 화가 나서 어쩔 줄을 몰라 했다. 그리고 스터브스와 페이지를 반란을 부추긴 죄로 재판정에 세웠다.

아무도 엘리자베스의 마음을 바꿀 수 없었다. 스터브스와 페이지는 오른손이 잘렸고, 판사 두 명은 감옥에 갔다.

튜더 왕조 시대에는 누구나 잔인한 짓을 좋아했다고는 하지만, 이 일로 엘리자베스의 인기가 크게 떨어졌다. 아무래도 그녀가 국민의 마음을 정복했던 시대는 완전히 끝난 것처럼 보였다.

엘리자베스의 비밀 일기

1578년 10월

스터브스는 손이 잘려도 싸다. 감히 버릇없이 알랑송과 그의 가족을 모욕하다니. 그런데 요즘 분위기가 심상치 않다. 스터브스의 손이 잘릴 때, 군중들이 공포에 질려서 조용히 지켜보았다는 말을 들었다.

국민들은 왜 언제나 불만인 걸까?

언제는 내가 결혼해야 한다고 끊임없이 졸라 대더니 이제 결혼하고 싶은 사람이 생기니까 온갖 핑계를 대면서 내 결혼을 방해한다.

엘리자베스는 정말로 알랑송 공작과 결혼하고 싶어 했다. 하지만 엘리자베스는 결혼을 밀어붙이지 않고 추밀원의 생각을 물었다. 추밀원이 결혼에 반대하자 엘리자베스는 울음을 터뜨렸다. 추밀원은 다음 날 엘리자베스를 찾아와 사죄하며 엘리자베스가 행복하기만 하다면 무슨 일이든 하겠다고 말했다.

엘리자베스의 비밀 일기

1578년 11월

내가 못 살아! 추밀원은 다시 내 결혼에 찬성한단다. 하지만 난 국민이 그렇게 싫어하는 결혼을 할 수가 없다. 난 지금까지 국민이 싫어하는 일을 한 적이 없다. 이제 어떻게 해야 할까?

그 후 몇 년 동안 엘리자베스는 알랑송 공작과 가끔씩 만났다. 알랑송 공작은 네덜란드에서 프로테스탄트 편에 서서 싸우며 엘리자베스에게 도움을 청했다.

두 사람은 발코니에 서서 결혼 발표를 한 적도 있었다. 엘리자베스는 알랑송 공작의 입술에 키스하고, 손가락에 끼고 있던 반지를 빼서 그에게 주었다. 두 사람은 약혼을 한 것이었다! 하지만 엘리자베스는 그다음 날 알랑송 공작을 내실로 불러 아직은 결혼할 수 없다고 말했다.

그러다가 알랑송 공작에 대한 엘리자베스의 애정이 식었다. 두 사람이 헤어질 무렵에 엘리자베스는 알랑송 공작을 떼어 내고 싶어 안달이 났다. 그리고 헤어지는 대가로 1만 파운드나 주었다. 여왕은 로버트 경을 시켜서 알랑송 공작을 네덜란드로 보냈고, 네덜란드의 오랑주 경에게 비밀 편지를 보냈다.

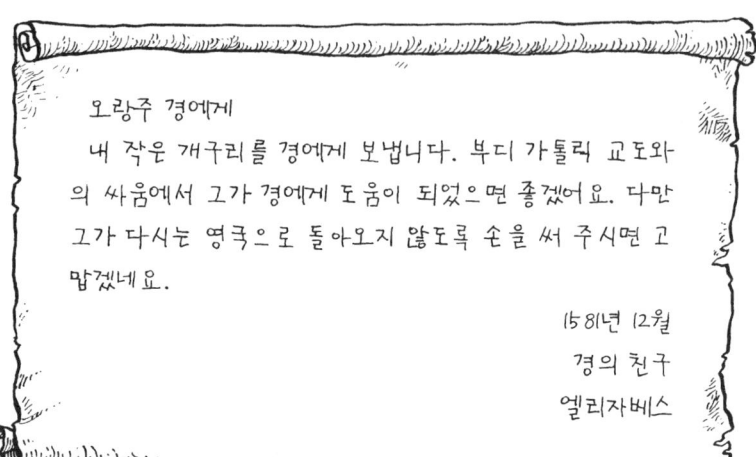

오랑주 경에게

내 작은 개구리를 경에게 보냅니다. 부디 가톨릭 교도와의 싸움에서 그가 경에게 도움이 되었으면 좋겠어요. 다만 그가 다시는 영국으로 돌아오지 않도록 손을 써 주시면 고맙겠네요.

1581년 12월
경의 친구
엘리자베스

어떤 사람들은 여왕이 알랑송 공작을 네덜란드로 보내면서 기뻐서 펄쩍펄쩍 뛰었다고 말했다. 또 어떤 사람들은 여왕이 알랑송 공작이 준 보석을 끼고 그에게 받은 장갑에 키스했다고 말했다. 이제 엘리자베스는 속마음을 감추고 모든 사람들을 궁금하게 만드는 기술을 완벽하게 터득했다.

몇 년 뒤에 알랑송 공작이 죽었다. 엘리자베스는 영국 궁정의 모든 신하들과 함께 그의 죽음을 슬퍼했다. 존 스터브스는 1581년에 궁정에서 여왕을 알현했고, 나중에는 하원 의원이 되었다.

엘리자베스의 세계: 궁정

엘리자베스의 궁정은 통치의 중심이었을 뿐만 아니라 여러 가지 역할을 했다.

- 극장. 여왕은 연극의 주인공 역할을 했고, 멋진 옷과 보석과 가구와 진수성찬으로 외국 손님들의 탄성을 자아냈다.

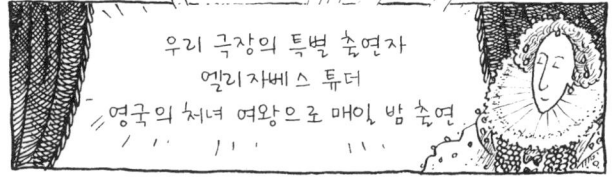

- 클럽. 수많은 사람들이 이곳에서 만나 친해졌다.

- 공연장. 유명한 배우와 극작가, 화가와 음악가들이 이곳에서 작품을 공연하거나 전시했다.

엘리자베스 여왕이 어디를 가더라도 여왕을 위한 연극과 가면극이 공연되었다. 로버트 경을 포함한 쟁쟁한 궁정 신하들은 전용 극단까지 가지고 있었다. 엘리자베스도 1583년에 '왕의 사람들'이라는 극단을 만들고 수많은 연예인들을 고용했다.

행사 일정

오늘 저녁: 윌리엄 셰익스피어의
　　　　　〈헨리 6세〉(제2부)
내일 저녁: 작곡가 토머스 탤리스의 최근 작품
목요일 저녁: 에드먼드 스펜서의 서사시
　　　　　〈요정 여왕〉 낭독
　　　　　요정 여왕 글로리아나와 벨피비와
　　　　　주디스 등 전설 속 여주인공들이 등장

영국인 어릿광대 가족 그린스(Greens).
여왕이 아꼈던 여자 난쟁이 토머시나.
궁정 오케스트라 30명.
검은색과 금색 옷을 입은 흑인 소년.

때로는 유명한 극작가들을 초청해 궁정에서 연극을 공연하기도 했다. 셰익스피어가 여왕의 특별 부탁을 받고 단 2주일 만에 쓴 〈윈저의 즐거운 아낙네들〉이라는 연극이 당시 가장 큰 인기를 모았다.

이러다 보니 엘리자베스의 궁정은 매우 재미있는 곳이 되었다. 여왕은 춤부터 곰 끓리기*에 이르기까지, 뭐든지 좋아했다. 진지하게 철학을 논하다가도 언제 그랬냐는 듯이 어릿광대의 장난에 너털웃음을 터뜨리거나 선장들의 모험담을 재미있게 들었다.

*곰 끓리기: 곰을 쇠사슬로 묶어 두고 개를 풀어 곰을 약 올리고 공격하게 하는 놀이를 말한다.

엘리자베스는 가톨릭 교도는 아니었지만, 의식과 형식을 좋아했고 화려한 옷과 아름다운 교회 음악을 사랑했다. 그래서 영국의 왕실 예배당 합창단은 세계적으로 유명한 합창단이 되었다.

청교도들은 교회 음악을 금지시키기를 원했지만 엘리자베스는 들으려고 하지 않았다. 그리고 가난한 사람들이 무료로 음악을 들을 수 있도록 런던의 상품 거래소에서 콘서트를 열기 시작했다.

에드워드 왕과 메리 여왕도 똑똑했고 문화를 사랑했지만, 엘리자베스만큼 종교에 대해 관대하지는 않았다. 엘리자베스는 국민들이 여왕에게 충성하기만 한다면 어떤 종교를 믿건 상관하지 않았다. 그래서 재능 있는 사람들이 영국 궁정에 모여들었고, 영국은 엘리자베스의 시대뿐만 아니라 그 후 수백 년 동안 인재들이 모이는 곳으로 널리 알려졌다.

엘리자베스는 재미있는 건 뭐든지 사악하고 못된 짓이라고 생각하는 극단적인 프로테스탄트들로부터 극장과 음악가들을 보호했다.

프로테스탄트들은 궁정이 방종하고 타락했다고 헐뜯었다. 하지만 엘리자베스는 시녀들과 신하들의 행동이 지나치다고 생각하면 폭군처럼 굴어 궁정이 타락하지 않도록 지켜 냈다. 그리고 예절과 행동을 까다롭게 따졌다. 아마 마음 같아서는 궁정의 모든 시녀와 신하들을 자기처럼 평생 독신으로 지내게 하고 싶었을 것이다.

음모와 해상 전투

엘리자베스가 마침내 알랑송 공작과 헤어졌을 때는 쉰 살에 가까웠다. 이제 엘리자베스가 영국의 왕위를 이을 후계자를 낳는 건 불가능했다. 엘리자베스가 죽으면 가장 강력한 왕위 계승권을 가진 사람은 영국 감옥에 갇혀 있는 스코틀랜드의 메리 여왕이었다.

메리가 영국에 오면서 엘리자베스는 그전만큼 강력하게 나라를 통제하지 못하게 되었다. 1570년 메리 여왕이 도착한 직후에 교황 비오 5세가 엘리자베스를 파문했기 때문에, 엘리자베스를 쫓아내는 게 자신들의 의무라고 생각하는 가톨릭 교도들이 늘 있을 수밖에 없었다. 그리고 이제 교황은 한술 더 뜨기 시작했다.

> 하느님을 섬긴다는 경건한 생각으로 그 죄 많은 여자를 세상 밖으로 내쫓는 사람은, 죄를 저지르는 것이 아니라 큰 공을 세우는 것이다.

이건 영국의 가톨릭 교도들에게 엘리자베스를 죽이고 메리를 왕위에 앉히라고 대놓고 부추기는 꼴이었다.

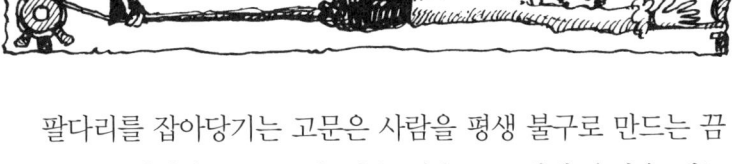

엘리자베스의 비밀 일기

1583년 11월

메리가 음모를 꾸몄다는 확실한 증거들이 프랜시스 스록모턴의 집에서 발견되었다. 이 나라의 가톨릭 교도 신사들 중 절반이 나를 쫓아내기 위한 음모에 가담했다.

스록모턴은 이 음모를 꾸민 주모자가 누구인지 말하지 않는다. 그렇다면 팔다리를 잡아당기는 고문을 하는 수밖에. 그래도 입을 열지 않는지 두고 봐야지.

아야!

팔다리를 잡아당기는 고문은 사람을 평생 불구로 만드는 끔찍한 고문이었다. 스록모턴 경은 처음 고문대에 올랐을 때는 입을 열지 않았지만 두 번째로 고문대에 올라야 한다고 생각하니 도저히 견딜 수 없어서 비밀 첩보부의 우두머리인 월싱엄 경이 묻는 말에 모조리 대답하고 말았다. 이렇게 해서 엘리자베스는 에스파냐의 펠리페 2세(언니 메리와 결혼했던 바로 그 사람!)가 영국 침략 계획*을 꾸미고 있다는 사실을 알게 되었다.

스록모턴은 타이번에서 처형되고 에스파냐 대사는 영국에서 추방되었다. 하지만 의회와 추밀원은 스록모턴의 음모 때문에

*영국을 정복해서 스코틀랜드의 메리 여왕을 영국 여왕으로 앉히기 위한 가톨릭 교도의 성전을 말한다.

여전히 깊은 시름에 빠져 있었다. 의회는 스코틀랜드 메리 여왕도 처형해야 한다고 주장했지만, 엘리자베스는 들으려고 하지 않았다.

엘리자베스는 언니 메리가 여왕이었을 때, 자신의 생각과는 상관없이 모든 음모의 주인공이 되었던 사실을 떠올렸는지도 모른다. 혹은 단순히 메리를 가톨릭 교도들의 순교자로 만들기 싫어서 그랬는지도 모른다. 이유야 어쨌든, 엘리자베스는 메리가 음모를 꾸몄다는 증거가 없다며 처형을 반대했다.

그래서 월싱엄 경은 메리가 음모를 꾸몄다는 증거를 만들기로 작정했다. 그는 메리를 함정에 빠뜨리기로 마음먹은 것이다. 메리는 감옥에서 나오고 싶어서 안달이 났기 때문에 별로 어려운 일도 아니었다. 월싱엄 경은 곧 메리가 수많은 사람들과 함께 음모를 꾸몄다는 증거를 모았다. 프랑스 대사와 영국에서 추방된 에스파냐 대사도 그 사람들 중 하나였다.

프랑스 대사는 어찌나 거만했던지 엘리자베스가 음모를 알고 있다고 말해도 듣는 척도 하지 않았다. 그는 젊은 앤터니 배빙턴 경을 비롯한 영국 가톨릭 교도들과 함께 엘리자베스를 죽이고 메리를 영국 여왕으로 세우려는 음모를 꾸몄다. 배빙턴 경은 이 음모가 성공하리라고 철석같이 믿고 공모자들과 함께 초상화까지 남겼다.

덕분에 월싱엄 경의 일이 한결 쉬워졌다. 배빙턴 경과 공모자들은 재판에서 유죄가 인정되어, 목을 매달고 내장을 들어내고 사지를 네 토막으로 자르는 형벌을 받았다.

경쟁자 메리의 죽음

배빙턴 경과 공모자들은 천천히 고통스럽게 죽었다. 이제 메리를 처리하는 문제만 남아 있었다. 그렇다면 합법적으로 메리를 죽일 방법은 없을까?

결국 메리는 재판정에 섰다. 메리가 음모를 꾸며 엘리자베스를 없애려고 했다는 확실한 증거가 있었다. 이제 메리가 기댈 거라고는 영국 법정이 다른 나라의 여왕을 재판할 수 없다는 사실밖에 없었다.

영국 법에 따르면, 모든 사람은 자신과 동등한 자격을 갖춘 사람에 의해 재판을 받을 권리가 있었다. 그러니까 백작이나 공작은 백작과 공작으로 구성된 배심원단에 의해 재판을 받을 권리가 있었다. 따라서 군주는 다음과 같은 이유 때문에 재판을 받을 수 없었다.
1) 군주는 누구에게도 충성할 의무가 없기 때문에 반역죄를 저지를 수 없다.
2) 군주를 재판할 자격을 갖춘 사람이 없다.

영국에는 엄연히 이런 법이 있었지만, 메리는 추밀원 고문관과 영국 귀족들이 모인 법정에서 재판을 받았다. 결국 유죄가 인정되어 사형을 선고받았다. 엘리자베스는 과거에도 메리의 사형 집행서에 서명하는 것을 거부했지만, 이번에는 그보다 훨씬 심하게 저항했다.

엘리자베스의 비밀 일기

1586년 12월

난 이제 어떻게 해야 할까? 메리를 살려 두면 앞으로도 날 죽이려는 음모가 숱하게 벌어질 텐데. 그러다 보면 누군가 성공할지도 모르잖아.

하지만 내 손으로 메리를 죽이고 싶진 않다. 메리는 내 오촌이고, 더 중요한 사실은 하느님의 명을 받고 나라를 다스리는 여왕이라는 것이다. 한 나라의 여왕인 내가 다른 나라의 여왕을 죽이는 건 옳지 않다.

내가 메리를 죽이면 프랑스와 에스파냐는 그걸 구실로 삼아서 득달같이 내게 달려들 게 뻔하다. 게다가 메리의 아들 문제도 있다. 내가 메리를 죽이면 그 아이가 뭐라고 할까? 사실 그 아이도 자기 앞길을 가로막는 메리가 죽어 주기를 나만큼 간절히 바라고 있겠지만, 사람들 앞에서는 절대 그렇게 말하지 않겠지.

국민들 중에 이 문제를 알아서 처리할 사람이 왜 하나도 없는 걸까? 날 죽이려는 사람은 그렇게 많은데, 메리를 죽이려는 사람은 왜 없는 거지? 왜 내가 메리를 죽여야 하느냐고!

장관들은 엘리자베스가 메리의 사형 집행서에 서명하지 않는 바람에 미칠 지경이었다. 결국에는 엘리자베스의 보좌관인 존 데이비슨 경이 여왕이 서명할 서류 뭉치에 사형 집행서를 끼워 넣었다. 덕분에 엘리자베스는 그 서류가 사형 집행서라는 사실을 모르는 척하며 서류에 서명했다. 엘리자베스가 서류에 서명하자마자 데이비슨은 사형 집행서를 세실 경에게 건네주었다. 세실은 서둘러 메리를 처형했다.

엘리자베스는 메리의 처형 소식을 듣고 길길이 날뛰었다.

엘리자베스의 비밀 일기

1587년 2월 19일

데이비슨이 감히 세실에게 사형 집행서를 주다니! 내가 메리의 처형을 원치 않는다는 사실을 알고 있었을 텐데. 내가 나중에 필요할 때를 대비해서 집행서에 서명한 것 뿐이라는 걸 알고 있었을 텐데! 이제 난 하느님 앞에, 다른 왕국의 여왕을 죽인 죄인이 되었다. 그리고 펠리페가 그토록 원하던 평계를 내 손으로 갖다 바친 셈이 되었다.

엘리자베스가 데이비슨 경을 탓한 건 말도 안 되는 헛소리였다. 하지만 엘리자베스는 여왕이었고 데이비슨은 한낱 보좌관에 불과했으니까. 엘리자베스는 뭐든 원하는 대로 지껄일 수 있었다. 엘리자베스는 데이비슨 경을 해고했고, 다시는 궁정에 발을 못 붙이게 했다.

하지만 영국의 프로테스탄트는 물론이고 일부 가톨릭 교도는 메리가 죽었다는 소식에 안도의 한숨을 내쉬었다. 런던 시민들은 메리가 드디어 처형되었다는 소식을 듣고 기쁨에 겨워 어쩔 줄을 몰라 했다.

튜더일보

1587년 2월 20일

드디어 처형!

어제 런던에서는 축포 소리와 교회 종소리가 요란하게 번갈아 울렸다. 엘리자베스 여왕의 강력한 라이벌이었던 못된 마녀 메리 여왕이 처형된 날이었다.

스코틀랜드 국민은 19년 전에 이미 메리 여왕을 진절머리를 내고 쫓아낸 바 있다. 메리는 그 뒤로 시시때때 영국 안팎에 있는 엘리자베스 여왕의 반대 세력들과 손을 잡고 음모를 꾸몄다.

엘리자베스 여왕은 몇 번이나 메리의 사형 집행서에 서명하지 않았지만, 그래도 메리는 뉘우침의 기색을 보이지 않았다. 일각에서는 그것이 '스코틀랜드에서 쫓겨났으니 남의 왕국이라도 빼앗으려는 심산이 아니냐'며 의문을 내비쳤다.

심지어 아들과도 잘 지내지 못했을 정도로 대인관계에는 젬병이었고, 영국의 숙적인 에스파냐의 펠리페 2세에게 영국 왕위를 제멋대로 넘겨주었다.

엘리자베스 여왕은 메리의 죽음에 크게 상심하고 있다고 한다. 하지만 본지가 한마디 하겠다. "전하, 메리는 진작 죽었어야 했어요. 전하의 적들이 모두 메리처럼 끔찍한 죽음을 맞기를 바랍니다. 신이시여, 영국의 엘리자베스 여왕을 지켜 주소서."

구원의 기사 드레이크

에스파냐가 영국을 침략할 것이라는 엘리자베스의 걱정은 옳았다. 에스파냐의 펠리페 2세는 메리를 영국 여왕으로 세우려고 오랫동안 음모를 꾸몄다. 그는 드레이크를 비롯한 영국 선장들이 에스파냐의 보물선을 약탈하는 것에 진저리를 냈다. 그런데 마침 메리가 처형되는 바람에 영국으로 진격할 구실이 생긴 것이다. 엘리자베스를 몰아내고 메리의 복수를 할 겸, 펠리페는 아르마다(에스파냐어로 '대규모 함대'를 뜻함)를 보내 영국 함대를 쳐부수고, 육군을 보내 영국을 정복할 작정이었다.

드레이크 경은 에스파냐 아르마다가 영국에 올 때까지 앉아서 기다리지 않기로 마음먹었다. 그는 직접 선박들을 골라서 작은 함대를 만들어 항해에 나섰다.

영국의 해상 영웅 드레이크 경은 에스파냐의 펠리페 2세에게 큰 치욕을 안겨 주었다. 그는 용맹하게도 해상 전투의 규칙을 모조리 어기면서 소규모 함대를 이끌고 카디스 항구를 향해 전진했다.

그는 북을 쾅쾅 울리며 에스파냐 선박에 실린 수천 톤의 상품에 불을 질렀다. 에스파냐인들이 드레이크를 엘 드라케(에스파냐어로 '불을 뿜는 용'을 뜻함)라고 부르며 두려워한 것도 당연하다.

용감한 드레이크는 리스본으로 항해했고, 바람이 잦아들자 항구 밖에 배를 정박시켰다. 그리고 북을 치며, 나와서 싸우라고 외치며 에스파냐 군대를 자극시켰다. 하지만 영국군과 싸워 봐야 장거리 대포를 가진 영국군이 유리하다는 것을 아는 에스파냐군은 꿈쩍도 하지 않고 벌벌 떨며 항구에 머물렀다.

마침내 드레이크는 아조레스 제도로 가서 에스파냐 보물선을 포획했다. 에스파냐 제독이 추격했지만, 드레이크는 전리품을 가지고 몰래 영국 플리머스 항구로 돌아가 버렸다.

에스파냐 제독은 드레이크에게 속은 줄도 모르고 일주일 동안이나 아조레스 제도 인근에서 드레이크의 함대를 찾아다녔다.

드레이크 때문에 펠리페의 영국 침공 준비는 1년 전으로 후퇴했다. 에스파냐와의 본격적인 전쟁을 피하고 싶었던 엘리자베스는 에스파냐군의 네덜란드 총사령관 파르마 공작과 평화협상을 하려고 했다. 영국군 제독이었던 하워드 경을 비롯하여 측근들은 엘리자베스가 미쳤다고 생각했다.

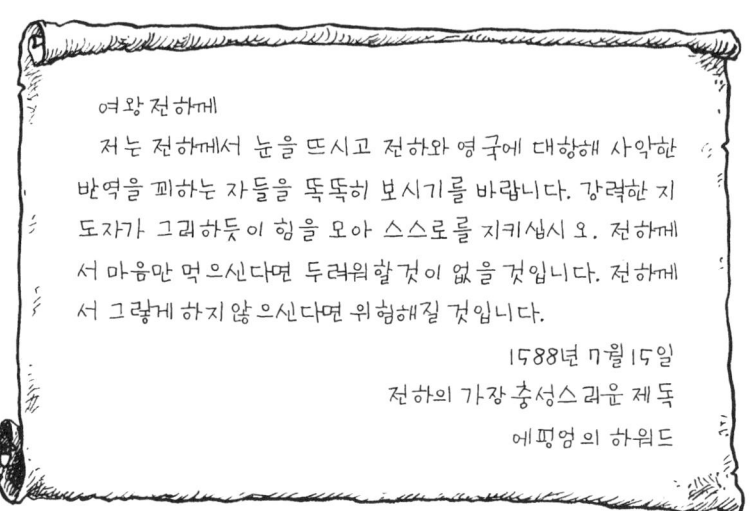

마침내 엘리자베스도 에스파냐와의 전쟁을 피할 수 없다는 사실을 깨달았다. 아르마다가 진격 중이었던 것이다.

아르마다가 영국 콘월 주의 리저드 반도에 도착했을 때, 드레이크는 '플리머스 호'에서 공놀이를 하고 있었다.

드레이크가 강심장이어서 여유를 부렸던 건 아니다. 단지 조류가 바뀌기 전까지 몇 시간 동안은 항해할 수 없다는 사실을 잘 알았기 때문이다.
　에스파냐 함대는 세찬 바람을 타고 영국 해안으로 다가왔고, 영국 함선은 모진 비바람이 몰아치는 날씨에 발목이 묶여 옴짝달싹 못했다. 드레이크는 악천후에도 굴하지 않고 대담하게 함대를 이끌고 바다로 나아갔다.

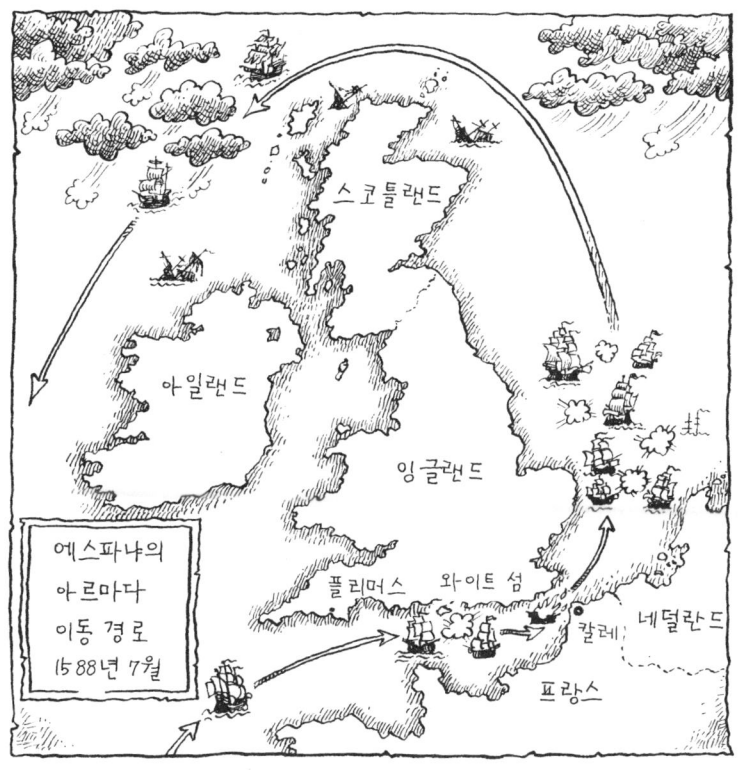

　7월 21일. 민첩한 영국 군함들은 플리머스 항구에서 무사히 빠져나왔다. 에스파냐군은 영국 군함보다 조종이 어려운 거대

한 갈레온선(갑판이 3~4층 가량 되는 대형 범선)을 몰고 와이트 섬에 상륙을 시도했다. 영국군은 에스파냐군의 상륙을 방해했고, 에스파냐군이 영국 해협으로 후퇴하자 그곳까지 추격했다.

7월 27일. 아르마다는 폭풍과 대포 때문에 군함이 파손되어 칼레에 정박했다. 드레이크 경은 화선을 보내 수많은 에스파냐 갈레온선에 불을 붙였다.

7월 28일. 대규모 해상 전투. 에스파냐군은 원래 네덜란드에 상륙해서 파르마 공작의 군대를 이끌고 영국으로 진격할 생각이었지만, 영국군에게 밀려 후퇴하다 보니 그만 네덜란드를 지나치고 말았다.

7월 29일. 영국군은 강풍 때문에 에스파냐 함대를 포획할 수 없었다. 에스파냐 함대는 북쪽으로 후퇴했다가 스코틀랜드 북쪽을 돌아 맥없이 고국으로 돌아갔다. 그 와중에 많은 전함이 파괴되어 병사 수백 명이 익사했고, 에스파냐로 무사히 돌아간 전함은 절반밖에 되지 않았다.

반면에 영국군의 전함은 단 한 척도 파괴되거나 포획되지 않았다.

침략 준비

한편 영국군은 네덜란드 파르마 공작의 함대가 영국에 상륙할 것을 대비해 틸버리에 모였다. 엘리자베스는 영국을 지킬 병사들을 직접 만나기로 결심했다. 그러나 여왕의 생각에 모두 찬성하지 않았다. 여왕의 안전을 생각해 반대한 이도 있었다. 가톨릭 교도 병사가 있어 여왕을 암살할 수도 있었으니까.

엘리자베스는 레티스와 결혼한 레스터 백작 로버트 경을 이미 오래전에 용서했고, 그를 틸버리에 지휘관으로 보냈다. 엘리자베스는 틸버리의 로버트 경에게 비밀 편지를 썼다.

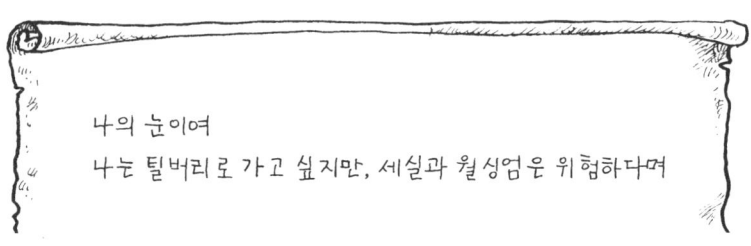

반대하고 있소. 경의 생각은 어떻소?

1588년 8월

엘리자베스

사랑하는 여왕 전하께

전하의 생각을 바꾸지 마십시오. 병영에서 가까운 곳에 깨끗하고 좋은 숙소를 마련해 두었습니다. 이곳은 세인트 제임스 궁전만큼 안전한 곳입니다.

1588년 8월

폐하의 가장 충실하고 순종적인 하인

레스터 백작 로버트 더들리

튜더일보
1588년 8월 9일

여왕의 깜짝 방문

에스파냐 침략군을 물리치려고 대기 중이던 수많은 병사들은 여왕의 방문에 깜짝 놀랐다.

보병 대대는 여왕의 방문에 차렷 자세를 취했다. 국기가 나부꼈다. 군악대가 신나는 행진곡을 연주하는 동안 깃털 장식을 단 기병들은 고삐를 당겨 말들을 조용히 시켰다.

우선 수행원 한 명이 흰 쿠션에 은으로 만든 여왕의 투구를 받치고 행진했다. 그다음엔 흰 벨벳 드레스와 은으로 만든 흉갑(윗몸에 두르는 갑옷)을 입은 여왕이 로버트 경의 안내를 받으며 백마를 타고 등장했다.

여왕은 말을 탄 채로 병사들 사이를 지나면서 "하느님의 은총이 여러분과 함께하기를." 이라고 외쳤다.

어떤 귀족은 이렇게 감탄했다. "여왕 전하는 아마존의 여황제 같았어요." 또 어떤 귀족은 이렇게 말했다. "여왕 전하의 눈에 눈물이 고여 있었어요." 그리고 어떤 귀족은 이렇게 상황을 전했다. "여왕 전하는 모든 병사들의 얼굴을 일일이 쳐다보았어요." 도싯 주에서 온 한 연대는 돈을 주고라도 여왕을 호위하는 영광을 누리고 싶다고 말했다.

엘리자베스는 즐거운 시간을 보냈다. 그녀는 밖에 나와서 아름답게 차려입고 국민들과 이야기하는 것을 좋아했다. 그리고 다음 날에는 명연설로 사람들의 혼을 쏙 빼놓았다.

사랑하는 국민들이여, 어떤 이들은 반역이 일어날까 두려워 병사들을 만나러 오지 말라고 충고합니다. 그러나 나는 충성스러운 내 국민들을 의심하면서 살고 싶지 않습니다.

 마지막 말은 병사들에게 월급을 주겠다는 뜻이었다. 엘리자베스는 다른 통치자들에 비해 병사들에게 월급을 잘 주었다.
 다음 날 에스파냐군이 쳐들어온다는 소문이 떠돌았다. 엘리자베스는 병사들의 뜨거운 반응에 약간 흥분해서, 직접 병사들

을 이끌고 전투에 나가겠다고 큰소리를 쳤다. 다행히 에스파냐 군은 오지 않았다. 파르마 공작이 영국 침공을 포기한 것이다. 그리고 엘리자베스는 일주일도 채 되지 않아서, 에스파냐군의 침공 위험이 완전히 사라졌다는 확신도 없이 군대를 해산했다. 그 이유는 단 하루라도 병사들의 월급으로 돈을 낭비하고 싶지 않았기 때문이다.

이번에도 엘리자베스의 생각이 옳았다. 이제 더 이상 적군의 침략 위협은 없었다. 엘리자베스는 의기양양했다. 영국 가톨릭 교도들도 프로테스탄트와 마찬가지로 에스파냐 왕이 영국을 통치하는 것을 바라지는 않았다. 펠리페가 메리와 결혼했을 때의 끔찍한 기억을 잊지 않았기 때문이다.

영국은 승리를 축하하기 위한 준비로 분주했지만, 엘리자베스에게는 다른 걱정거리가 있었다.

엘리자베스의 비밀 일기

1588년 8월 26일

불쌍한 '나의 눈'이 아프다. 배가 아주 많이 아프다고 한다. 아무래도 전쟁 때문에 무리해서 그런 것 같다. 나는 뜨거운 온천에 가면 나아질까 싶어서 그를 벅스턴 온천으로 보냈다. 난 틸버리에서의 그의 공로를 크게 치하하고 싶지만, 세실과 월싱엄은 그런 치하는 그를 거만하게 만들 거라며 말리고 있다.

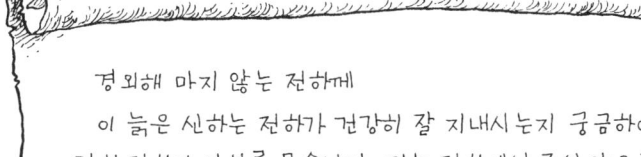

경외해 마지 않는 전하께

이 늙은 신하는 전하가 건강히 잘 지내시는지 궁금하여 감히 전하의 안부를 묻습니다. 저는 전하께서 주신 약으로 치료를 계속하고 있으며, 전하의 약은 다른 어떤 약보다 효험이 있습니다. 저는 온천으로 건강이 회복되기를 바라면서, 전하의 행복을 위해 늘 기도합니다. 전하의 발에 겸손히 키스합니다.

1588년 8월 29일
전하의 가장 충실하고 순종적인 하인
레스터 백작 로버트 더들리

로버트 경은 편지를 쓰고 엿새 후인 9월 4일에 죽었다. 엘리자베스는 이 소식을 듣고 크게 상심했다. 에스파냐 스파이는 에스파냐 대사 멘도사에게 이렇게 보고했다.

여왕은 슬픔을 이기지 못해 며칠 동안이나 혼자 방 안에 틀어박혀 아무에게도 문을 열어 주지 않았습니다. 결국 재무 장관과 추밀원 고문관들이 방문을 부수고 들어가 여왕을 만났습니다.

엘리자베스는 로버트 경의 미망인인 레티스에게는 일말의 동정도 베풀지 않았다. 그리고 로버트 경이 남긴 엄청난 빚을 레티스에게 모두 갚으라고 독촉했다. 게다가 로버트 경에게 주었던 집을 빼앗고, 레티스에게 가구를 팔아 빚을 갚도록 했다.

로버트 경은 진주 600개로 만든 멋진 진주 목걸이를 엘리자베스에게 유산으로 남겼지만, 엘리자베스는 그건 계산에 넣지 않았다. 그리고 로버트 경이 남긴 진주 목걸이를 걸고, 승전을 기념하는 초상화를 그리게 했다.

솔직히 엘리자베스는 승전을 축하할 기분이 아니었다. 비록 로버트 경과 결혼하지는 않았지만, 그를 진심으로 사랑했기 때문이다. 마음을 털어놓을 수 있는 가장 친한 친구가 죽었기에 상심이 컸다.

엘리자베스의 세계 : 멋쟁이 되기도 힘들어

초상화 속의 엘리자베스는 늘 깃이 뻣뻣하고 치마폭이 넓은 무거운 드레스를 입고 보석으로 치렁치렁하게 장식하고 있다. 이 차림은 엘리자베스의 업무용 복장이었다. 여왕이라면 마땅히 부유하고 화려하고 위풍당당한 차림으로 영국을 돋보이게 만들어야 했다.

그렇다고 엘리자베스가 늘 이런 옷을 입은 건 아니었다. 늦은 아침 식사를 하고 내실을 돌아다닐 때는 헐렁한 속드레스만 입었다(겨울에는 그 위에 모피 망토를 둘렀다). 혹은 아무 장식이 없는 검은 드레스를 며칠 동안이나 입기도 했다. 하지만 신하들을 놀라게 하고 싶을 때는 보석이 박힌 다양한 색상의 벨벳, 공단, 실크 드레스로 못 말릴 정도로 화려하게 치장했다.

- 엘리자베스는 말년에 드레스 3000벌과 외투 200벌을 가지고 있었다고 한다.
- 엘리자베스는 시녀들의 도움을 받아 두 시간 동안 옷을 입었다. 파딩게일(버팀살로 부풀린 스커트) 위에 보디스(블라우스나 드레스 위에 입는 조끼), 소매, 셔츠, 스커트를 모두 따로 입어야 했으니 시간이 그렇게 많이 걸린 것도 당연하다.

- 엘리자베스는 매주 새 신발을 신었다.
- 엘리자베스는 언제나 손으로 뜬 실크 스타킹을 신었다.
- 엘리자베스는 달걀흰자와 달걀 껍질 가루와 붕사로 얼굴을 희게 칠했다.

- 엘리자베스는 나무를 태워 만든 재를 물에 개어 머리를 감았다.
- 엘리자베스는 진주와 다이아몬드, 호박 자수정을 치렁치렁하게 달아 제대로 서 있기도 어려울 지경이었다.

그 시절에는 세탁기가 없었다. 아니, 세탁기가 있었다고 해도 그렇게 화려한 옷들을 세탁기에 넣을 수는 없는 노릇이었다. 그래서 엘리자베스는 드레스가 땀에 젖는 것을 막으려고 속드레스를 입었다. 그래도 다른 사람들보다는 훨씬 깨끗했을걸. 궁전을 떠나 여행을 할 때도, 네 곳이나 되는 궁전에 수도 시설과 목욕탕이 갖추어져 있었으니까. 엘리자베스는 대개 혼자서 밥을 먹었는데, 답답한 옷을 벗거나 옷을 망치지 않으려고 턱받이를 하고 식사를 했을 것이다.

훌륭하신 여왕님

에스파냐의 아르마다를 물리친 후, 엘리자베스의 인기는 더욱 높아졌다. 게다가 엘리자베스는 그토록 바라던 추밀원의 존경을 얻게 되었다. 세실 경은 이렇게 말했다. "엘리자베스 여왕만큼 현명한 여성은 없다. 여왕은 당대 군주들의 관심사와 성격을 모두 이해하고 있으며, 왕국에서 벌어지는 일들을 추밀원 고문관들보다도 샅샅이 알고 있다."

신임 교황조차도 엘리자베스의 팬이 되었다.

> 위대한 여왕 엘리자베스가 가톨릭 교도였다면 사랑받는 가톨릭의 딸이 되었을 텐데. 엘리자베스가 얼마나 나라를 잘 통치하는지 보라! 엘리자베스는 섬나라 영국의 절반만을 다스리고 있지만, 에스파냐든 프랑스든 신성 로마 제국이든 그녀를 두려워하지 않는 곳이 없다! 내가 엘리자베스와 결혼할 수 있으면 좋으련만! 우리가 결혼을 하면 전 세계를 통치할 수 있을 만큼 똑똑한 아이들이 태어날 텐데!

엘리자베스의 통치하에서 영국 국민은 여왕의 영광을 함께 누렸다. 엘리자베스는 건강했고 여전히 승마와 산책과 사냥을 즐겼으며 매일 활기차게 춤을 추었다.

그러나 엘리자베스 역시 조금씩 나이가 들었고 여전히 해결되지 않은 문제가 남아 있었다.

게다가 1590년대에는 엘리자베스에게 슬픈 일이 많이 생겼다. 친구들과 추밀원 고문관들이 나이가 들어 하나 둘 죽어 갔기 때문이다.

우선 1590년에 월싱엄이 죽었다. 엘리자베스가 어릴 때부터 그녀를 충실하게 섬겼던 블랜치 패리도 나이가 들면서 눈이 멀었고, 1590년에 세상을 떠났다.

세실 경도 점점 나이가 들었다. 그는 은퇴하고 싶었지만, 엘리자베스가 허락하지 않았다. 하지만 여왕 앞에서 의자에 앉을 수 있도록 허락했다. 여왕이 들어오면 누구나 자리에서 일어나거나 무릎을 꿇어야 했다

엘리자베스는 기운을 차리고 젊은 기분을 내려고 정복에 나섰다. 여왕은 평소 취향대로 젊고 잘생긴 에식스 백작 로버트 데버루 경을 선택했다. 그는 엘리자베스가 그토록 싫어하던 레티스의 아들이었다.

엘리자베스의 비밀 일기

1590년 6월

지나치게 고집이 센 게 단점이지만, 충분히 가능성이 있는 젊은이다. 그리고 '늑대 인간'의 아들을 유혹한다는 것도 마음에 든다. 레티스는 그런 벌을 받아 마땅하다. 소중한 '나의 눈'을 빼앗아 갔으니까.

나라고 레티스의 아들을 빼앗아 가지 말라는 법이 있어?

에식스 백작을 사마관으로 삼아서 늘 내 곁에 두어야겠다.

다만 에식스 백작은 여왕 곁에 있을 생각이 없었다는 게 문제였다. 그의 눈에 여왕은 재미없는 늙은이였을 뿐이니까. 그는 멀리 떠나 모험을 즐기고 싶었다.

에식스의 모험

1. 에식스 백작은 에스파냐에 반기를 든 포르투갈의 돈 안토니오를 돕기 위해 드레이크 경과 함께 포르투갈로 향했다. 에식스 백작은 큰 빚을 지고 있었기 때문에 에스파냐 갈레온선을 포획해서 많은 돈을 벌어 돌아올 생각이었다.

엘리자베스는 크게 노해서 드레이크 경에게 에식스 백작을 돌려보내고 그가 탄 배의 선장을 처형하라는 편지를 보냈다. 하지만 드레이크 경은 여왕의 명령에 따르지 않았다. 포르투갈 원정은 참패로 끝났고, 갈레온선도 포획하지 못했다. 결국 수많은 사람들이 병에 걸려 죽었고 여왕은 큰 손해를 보았다.

2. 에식스 백작은 찰스 블라운트 경이 엘리자베스로부터 황금 체스 말을 받았다는 이야기를 듣고 질투심에 사로잡혀 그와 결투했다.

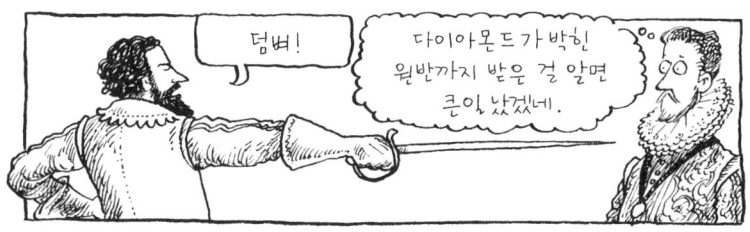

두 사람 모두 심하게 다치지는 않았지만, 여왕은 금지된 결투를 한 두 사람에게 화를 냈다.

3. 에식스 백작은 프로테스탄트인 프랑스 왕을 돕기 위해 원정대를 끌고 갔다. 그리고 병사들을 뒤에 남겨 두고, 말을 타고 160km 떨어진 콩피에뉴로 갔다. 그는 그곳에서 보석이 잔뜩 박힌 주황색 벨벳 옷을 입고 프랑스 친구들과 멀리뛰기 대회를 열었다. 마침내 병사들의 도

움을 받아 적의 전선을 뚫고 기지로 돌아올 수밖에 없었다. 그러고는 부하 24명에게 기사 작위를 주었다. 그런데 기사 작위를 주는 건 여왕만의 특권이었다.

엘리자베스는 노발대발했다. 결국 프랑스를 돕느라 30만 파운드나 쓰는 바람에 돈이 부족해서 왕실 땅까지 팔아야 했다.

4. 에식스 백작은 하워드 경과 에스파냐 카디스를 공격하기 위해 나섰다. 그리고 월터 롤리 경보다 항구에 먼저 닿으려고 바닷물에 모자까지 던졌다. 영국 해군은 카디스를 점령하고 수많은 에스파냐 보물을 노략질했다. 에식스 백작은 병사들에게 훔친 보물을 가져도 좋다고 말했다. 그리고 이번에도 부하들에게 제멋대로 기사 작위를 주었다.

악동 에식스 백작은 국민적인 영웅이 되었다. 모든 사람들이 그를 좋아하고 따랐다. 특히 기사 작위를 받은 사람들과 훔친 보물로 벼락부자가 된 병사들은 말할 것도 없었다. 하지만 그는 위험한 길을 걷고 있었다. 엘리자베스는 스스로 영웅이 되는 것을 좋아했다. 그리고 신하들이 자신보다 더 인기가 많은 것을 참지 못했다.

엘리자베스의 비밀 일기

1597년 12월

어제 에식스는 장군들이 아일랜드에서 죽을 쑤고 있다는 이야기를 귀가 닳도록 늘어놓으며 짜증나게 굴었다. 그래서 그렇게 아일랜드에 대해 잘 알면 직접 가서 잘해 보라고 말해 주었다. 에식스는 꽤 당황한 기색이었다.
그렇게 까불었으니 당해도 싸지.

영국은 헨리 2세 이후로 아일랜드의 일부 지역을 다스렸다. 그런데 엘리자베스가 아일랜드에 반가톨릭 법률을 강요하자, 아일랜드인들이 티론 백작을 중심으로 뭉쳐서 반기를 들기 시작했다. 수많은 영국 사령관들이 아일랜드에 차례로 파견되었고, 에식스 백작도 그중 하나였다. 그는 다른 사람들과 마찬가지로 오히려 상황을 망치고 돌아왔다. 에식스 백작이 티론 백작과 한통속이라는 이야기가 나돌 정도였다. 엘리자베스는 그에게 불만 섞인 편지를 줄줄이 보냈다.

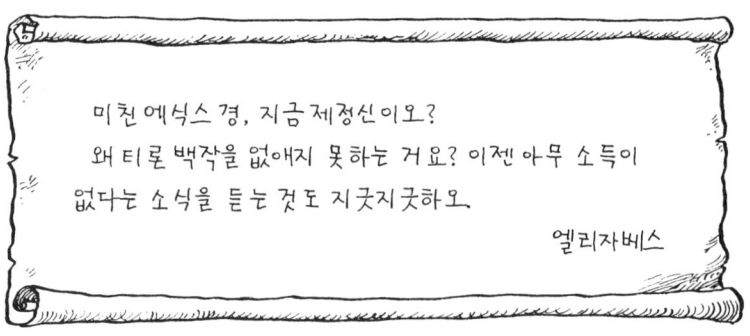

미친 에식스 경, 지금 제정신이오?
왜 티론 백작을 없애지 못하는 거요? 이젠 아무 소득이 없다는 소식을 듣는 것도 지긋지긋하오.
엘리자베스

그러던 어느 날, 에식스 백작은 돈 한 푼 없이 추위에 떨고 비를 맞으면서 수많은 반란군과 싸우는 것에 진저리가 났다. 그는 여왕을 만나서 직접 이야기하기로 작정하고 영국으로 돌아왔다.

엘리자베스의 비밀 일기

1599년 9월 28일

난리도 이런 난리가 없다. 오늘 아침 가발도 쓰지 않은 채로 볼에 천조각을 넣어 뺨을 부풀리고 있는데, 에식스가 내 침실로 불쑥 쳐들어왔다. 에식스는 말을 타고 왔기 때문에 더워서 땀을 흘렸고 신발에는 진흙이 잔뜩 묻어 있었다.

나는 잠깐 동안이었지만, 그가 나를 죽이거나 체포하려고 병사들을 끌고 온 줄 알았다.

그래도 나는 두려움을 들키지 않았다. 그가 키스할 수 있도록 손을 내밀고 예의를 갖추어 대했다.

에식스는 아일랜드에서 고생을 한다는 둥, 내가 알아주지 않는다는 둥 이런저런 소리를 늘어놓았다. 나는 그를 달래며 나중에 다시 이야기하자고 말했다.

시녀들이 에식스를 내보낸 후에, 그가 군대를 끌고 오지 않았다는 사실이 분명해졌다. 하지만 난 다시는 에식스를 만날 수 없다. 그는 여왕인 내게 무례한 행동을 했다. 에식스에게 본때를 보여 주어야겠다.

불쌍한 엘리자베스. 이 무렵 엘리자베스의 외모에는 많은 변화가 생겼다. 치아가 빠지고 머리숱도 줄어들었다. 엘리자베스는 이런 모습을 들키고 싶지 않아서 얼굴에 화장을 하고 볼에 천조각을 넣어 수척함을 감추었다. 그리고 목까지 닿는 붉은색 곱슬머리 가발을 써서 머리숱 문제를 해결했다. 에식스 백작은 엘리자베스가 가발과 화장으로 단장하지 않고 잠옷 차림으로 있을 때 방으로 불쑥 쳐들어온 것이었다. 에식스는 엘리자베스의 본래 모습을 보는 무엄한 행동을 저질렀다. 그러니 그날 오후에 여왕이 에식스를 만나 주지 않은 것도 당연하다.

에식스 백작은 체포되어 감옥에 갇혔고, 아일랜드의 반란을 진압하는 임무는 다른 사람에게 돌아갔다. 나중에 에식스 백작이 병에 걸리자 엘리자베스는 그를 용서하고 집으로 돌려보냈지만, 여전히 궁정 출입은 허락하지 않았다.

총애의 끝

에식스 백작의 집은 런던 스트랜드에 있었다. 얼마 지나지 않아 청교도부터 궁정 신하들에 이르기까지 엘리자베스를 싫어하는 사람들은 모조리 에식스 백작의 집에 몰려들었다.

역시 엘리자베스의 스파이망은 물샐틈없이 완벽했다. 엘리자베스는 스파이들 덕분에 에식스 백작의 집에서 일어나는 일을 샅샅이 알게 되었다. 그리고 에식스 백작과 그의 동료들을 추밀원 회의로 불러들였다.

튜더일보
1601년

에식스, 여왕을 거역하다!

오늘 런던에서, 여왕의 총애를 잃었지만 평민들의 영웅으로 떠오른 에식스 백작(34세)이 여왕의 군대에 의해 체포되면서 극적인 장면이 펼쳐졌다.

경솔함과 용맹함으로 잘 알려진 에식스 백작은 스트랜드 경의 집에서 자신을 체포하려고 찾아온 병사들을 따돌리고 화이트홀 궁을 향해 달리며 이렇게 외쳤다. "여왕을 뵙게 해 주시오! 여왕을 뵙고 싶소! 이건 날 죽이려는 음모요!" 여왕의 사자가 그 뒤를 따르며 이렇게 큰 소리로 외쳤다. "신경 쓰지 마시오! 이자는 반역자요!"

에식스 백작은 시민들이 그의 깃발 아래로 몰려들 거라

고 생각했는지 모르지만, 그의 바람은 이루어지지 않았다.

몇몇 사람이 그를 따르려고 하다가 '반역자'라는 말에 슬금슬금 자리를 피했다. 결국 에식스 백작은 집으로 돌아가 장애물을 쌓고 집 안에 숨어 있었다. 하지만 이것으로 끝이 아니었다. 여왕의 병사들이 집을 포위하자, 에식스는 지붕으로 올라가서 병사들에게 소리를 지르며 칼을 휘둘렀다.

병사들이 총을 발사하자 에식스의 아내와 다른 여자들은 집 밖으로 나와 항복했지만, 에식스는 여전히 항복하지 않았다. 그러다 밤 10시쯤 병사들이 화약을 가져와 집 주위에 뿌리자 드디어 에식스도 정신을 차렸다. 그는 정원으로 내려와서 늘 목에 걸고 있던 스코틀랜드 제임스 왕의 친서와 여러가지 서류들을 불태웠다. 그리고 어둠 속에서 무릎을 꿇고 칼을 내려놓았다.

그는 램버스 궁으로 끌려갔고, 내일 아침에 런던탑으로 이송될 예정이다.

에식스 백작이 런던에서 체포되는 동안 엘리자베스는 조용히 점심을 먹었다.

하느님이 나를 영국의 여왕으로 만드셨으니까 내 자리를 지켜 주실 거야.

에식스 백작과 그의 공모자들은 반역 혐의로 재판을 받았고 유죄 판결을 받았다. 에식스 백작은 엘리자베스의 예상과는 달리 살려 달라고 애원하지 않았다. 엘리자베스는 그의 사형 집행서에 서명했다. 에식스는 원하던 대로 1601년 2월 25일에 비공개로 처형되었다. 그는 처형되기 직전에 여왕이 죽기를 바라거나 반란을 일으킬 생각은 없었다고 맹세했다.

에식스 백작이 처형되던 날 엘리자베스는 방에 앉아서 울었다. 사람을 처형하는 것도 싫었지만, 에식스 백작을 진심으로 아꼈기 때문이다. 에식스 백작의 친한 친구들과 공모자들은 모두 처형되었지만, 공모자 사우샘프턴만은 사면을 받아 모든 이들을 놀라게 했다.

에식스 백작은 죽은 후에 더 큰 인기를 누렸다. 심지어 궁정에서도 그에 대한 노래가 불렸다.

영국의 자랑거리가 사라졌네!
어찌하리! 어찌하리!
아직도 그의 용맹성을 잊히지 않았네.
당당하게! 당당하게!
그는 잘못이 없다네.
그건 잘 알려져 있지.
하지만 못된 친구들의 질투와
끝없는 사악함 때문에
선하고 고결한 사람이
죽임을 당했다네.

다시 말해서, 착한 에식스 백작이 모함을 당해 죽었다는 뜻이다.

엘리자베스의 죽음

에식스 백작이 처형되면서 엘리자베스와 장관들의 인기는 곤두박질쳤다. 특히 세실 경의 아들 로버트 세실은 사람들의 미움을 한몸에 받았다. 엘리자베스는 자유 무역을 금지하는 법률을 폐지하여 의회의 환심을 되찾았지만, 모두들 여왕의 죽음이 멀지 않았음을 느끼고 있었다. 하지만 엘리자베스는 아직 정정하다는 것을 증명하기 위해 갖은 애를 썼다.

엘리자베스의 비밀 일기

1601년 3월

오늘 아침에는 몸을 일으킬 수조차 없었다. 사람들이 내가 늙어 가고 있다고 하도 수군거려서 아직 팔팔하다는 걸 증명하고 싶었다. 그래서 어제 말을 타고 16km나 돌아다니고, 사냥까지 했다. 나보다 훨씬 젊은 남자들조차도 마지막에는 헉헉거렸지만 난 멀쩡했다. 그런데 오늘 아침이 되자 온몸이 뻣뻣하게 굳어서 걸을 수조차 없다. 그래도 난 걸을 거다. 내가 피곤하다는 걸 절대 들켜서는 안 된다. 절대로!

엘리자베스는 말을 타고 16km를 돌아다니고 사냥을 했을 뿐 아니라, 그 다음 날에는 하루 종일 걸어 다녔다. 여왕은 규칙적으로 말을 타고 춤을 추었으며, 평소처럼 추밀원 고문관들과 밤늦도록 이야기를 나누었다.

엘리자베스가 아무리 기운이 넘친다고 해도 영원히 살 수는 없었다. 평균 수명이 겨우 35세였던 시절에 엘리자베스는 벌써 일흔을 바라보는 나이였다. 가톨릭 교도들이 에스파냐 공주나 영국 가톨릭 교도를 왕위에 앉히려고 안달이었기 때문에, 사람들은 엘리자베스가 죽고 나면 치열한 왕위 쟁탈전이 벌어지리라는 것을 잘 알고 있었다. 그래서 의회는 여왕에게 후계자를 결정하라고 독촉했다.

엘리자베스의 비밀 일기

1602년 9월

후계자! 후계자! 모두들 입만 열면 그 소리다. 내가 죽기도 전에 나를 땅에 묻고 싶은가 보다.

> 정말로 내가 후계자를 말해 주리라고 생각하는 걸까? 내 후계자는 벌써 자기가 후계자라는 걸 잘 알고 있다. 지금 이름을 밝히면 내가 죽기도 전에 날 밀어내려고 야단일 텐데, 내가 왜 말을 하겠어?

엘리자베스는 1603년 2월까지도 아주 건강했다. 베네치아 대사는 여왕을 이렇게 묘사했다.

> 여왕은 금색으로 끝단을 장식한, 은색과 흰색의 호박단 드레스를 입었다. 여왕의 드레스는 앞이 약간 벌어져 있어 목에 드리워진 진주와 가슴까지 내려오는 루비가 보였다. 스커트는 프랑스에서 유행하는 것보다 훨씬 풍성했고 허리가 조금 밑으로 내려와 있었다. 여왕은 머리를 밝은색으로 염색하고, 이마를 커다란 진주로 장식했다. 머리에 두건과 왕관을 쓰고, 엄청나게 많은 진주와 보석으로 온몸을 휘감았다. 배 아랫부분도 보석으로 장식된 거들과 홍옥, 첨정석, 다이아몬드로 뒤덮여 있었다. 손목에는 팔찌 대신에 중간 크기도 넘어 보이는 진주를 두 줄로 끼고 있었다. 여왕은 알현하는 동안 내내 서 있었고 유창한 이탈리아어로 이야기했다.

엘리자베스의 비밀 일기

1602년 11월

또 음모가 발각되었다. 대체 언제쯤 끝이 날까? 아무래도 끝이 없을 것 같다. 사람들은 이 늙은이를 무덤 속으로 집어넣을 생각인가 보다.

아라벨라는 늘 버릇없고 생각 없는 아이였다. 이번에도 내가 그렇게 싫어하는 처형이 줄을 잇겠군.

손가락이 퉁퉁 부어서 대관식 반지가 맞지 않는다. 반지가 살을 파고들어 아프다. 의사는 반지를 잘라내는 수밖에 도리가 없다고 말한다.

아무래도 나쁜 징조 같지?

그리고 또다시 음모가 발각되었다. 이번에는 아라벨라 스튜어트를 여왕으로 세우려는 음모였다. 엘리자베스는 가슴이 아프고 화가 났다.

1603년 3월, 영국 궁정은 리치먼드 궁으로 옮겼다. 엘리자베스는 여전히 에식스 백작과 아라벨라 때문에 기분이 울적했다. 여왕의 건강이 매우 나빠지자 시녀인 엘리너는 남동생에게 이런 편지를 썼다.

로버트에게

조만간 네가 북쪽으로 먼 길을 떠나야 할 것 같아서, 말을 준비해 놓으라고 이 편지를 쓴다. 여왕 전하께서는 목에 궤양이 생기고 가슴 통증을 느끼시는게 아무래도 폐렴 같다.

전하는 며칠째 말씀도 하지 않으시고 식사도 안하시고 침대에 누워 멍하니 벽난로만 바라보셔. 그리고 혹시라도 입을 떼시면 에식스 백작과 아라벨라 이야기만 하시지.

그러다가 어제 갑자기 나를 부르시더니 일으켜 달라고 하시더구나. 그리고 열이 올라 비틀거리시면서도 열다섯 시간 동안 그 자리에 서 계셨어. 우리도 서 있을 수밖에 없었지. 전하가 서 계실 때는 아무도 앉아 있을 수가 없잖아. 나는 불쌍한 전하를 침대에 눕히거나 의자에 앉혀 드리고 싶었지만, 전하가 화를 내실까 봐 아무도 입도 뻥긋하지 못했어. 이러다가는 선 채로 밤을 꼬박 새우겠다고 생각했어. 그런데 하느님이 우릴 불쌍히 여기셨는지 다행히 전하께서 기절하셨지.

우리는 전하를 다시 침대에 눕혀 드렸어. 아무래도 전하의 건강이 급속히 나빠지는 것 같아. 그러니 발 빠른 말을 준비해 전하의 창문 밑에서 기다려. 전하의 숨이 끊어지면 내가 전하의 사파이어 반지를 네게 던져 줄 테니, 서둘러 반지를 스코틀랜드의 왕에게 가져가렴.

1603년 3월 16일
사랑하는 누나
엘리너

추밀원 고문관들과 궁정 신하들은 제임스가 영국의 왕위를 물려받아야 한다는 데 의견이 일치했다. 세실 경은 벌써 몇 년 동안이나 제임스와 비밀리에 연락하고 있었다. 그러나 엘리자베스는 신하들 앞에서 제임스를 후계자로 선언하지 않았다. 이제 엘리자베스는 벽난로 앞에 누워 죽어 가고 있었다. 고문관들은 마지막으로 여왕의 대답을 들으려고 여왕을 찾았다.

드디어 후계자가 확실히 결정되었다. 추밀원 고문관들은 준비를 마쳤다. 이제 가톨릭 교도들이 반란을 일으키기 전에 제임스가 최대한 빨리 런던에 도착하는 일만 남아 있었다.

여왕이 돌아가셨다 - 제임스 왕이시여, 만수무강하소서!

건강하고 발 빠른 말 일곱 마리가 그레이트 노스 로드에 80km 간격으로 배치되었다. 로버트 캐리 경은 추운 날씨에 먼 거리를 이동할 준비를 단단히 하고, 말을 탄 채 여왕의 침실 창문 아래서 기다렸다.

1603년 3월 23일 이른 아침, 엘리너가 엘리자베스의 손가락에서 사파이어 반지를 빼서 로버트 경에게 조용히 던졌다. 여왕이 숨을 거둔 것이었다. 로버트 경은 반지를 받아서 바람처럼 빨리 달렸다. 그는 3일 만에 650km를 달려 에든버러에 도착했다. 스코틀랜드의 제임스 6세는 이제 영국의 제임스 1세가 되었다.

튜더일보
1603년 4월 29일

여왕 폐하, 안녕히

어제 런던에는 45년간 영국을 다스린 고귀하신 여왕 전하에게 마지막 인사를 하기 위해 수많은 인파가 몰려들었다. 사람들이 어찌나 많이 몰려들었는지 궁정 기사단이 군중들을 헤치고 행렬이 지나갈 길을 터 주어야 했다.

검은색 천을 씌운 말 네 마리가 관을 끌었다. 보라색 벨벳 천이 씌워진 관 위에는 실물 크기의 여왕 인형이 여왕의 예복을 입고 왕관을 쓴 채 누워 있었다. 백작 여섯 명이 관을 보호하기 위해 차양을 들고 따라왔다. 사마관이 생전에 여왕이 가장 사랑하던 애마를 끌고 그 뒤를 따랐다. 그토록 익숙하게 보던 여왕의 애마가 주인 없이 홀로 걷는 것을 보고 많은 사람들이 눈물을 흘렸다.

그 뒤에는 노샘프턴 후작 부인이 검은 상복을 입은 추모객들을 이끌고 걸었다. 궁정의 시녀들과 귀족 부인들은 관을 따라 웨스트민스터 사원으로 걸어갔다. 평민 여자들은 4열 행렬로 그 뒤를 따랐다.

그날 여왕의 장례식을 직접 본 사람이 이런 글을 남겼다.

엘리자베스의 시대는 이렇게 막을 내렸다. 엘리자베스의 시대에는 용감한 선장들과 야심에 찬 병사들이 있었고, 강력한 정치가들과 화려한 신하들이 살았으며, 오늘날까지도 유명한 시인들과 극작가들과 음악가들이 많았다.

그리고 그 중심에는 보석으로 온몸을 치장하고, 라틴어로 화를 내고, 당대의 철학자들과 철학을 논하고, 활기차게 춤을 추고 사냥을 하면서도, 병석에 누워 있는 세실 경에게 숟가락으로 죽을 떠먹여 주는 자상한 여왕이 있었다.

그러니 누가 후계자가 되더라도 엘리자베스만큼 잘해 내기란 어려운 노릇이었다. 하지만 이제 엘리자베스의 시대는 끝나고, 바야흐로 제임스 1세의 시대가 열렸다.

앗, 시리즈 (전 70권)

앗, 이렇게 재미있는 수학이!

어렵고 지루했던 수학이 순식간에 쉽고 즐거워집니다.
수학의 기초 원리에서부터 응용까지, 다양한 정보와
교양을 골라서 일목요연하게 정리해 줍니다.

01 수학이 모두 모여 수군수군
02 수학이 수리수리 마술이
03 수학이 수군수군
04 수학이 또 수군수군
05 수학이 자꾸 수군수군 1. 셈
06 수학이 자꾸 수군수군 2. 분수
07 수학이 자꾸 수군수군 3. 확률
08 수학이 자꾸 수군수군 4. 측정
09 대수와 방정맞은 방정식
10 도형이 도리도리
11 섬뜩섬뜩 삼각법
12 이상야릇 수의 세계
13 수학 공식이 꼬물꼬물
14 수학이 꿈틀꿈틀

앗, 시리즈 (전 70권)

앗, 이렇게 재미있는 과학이!

어렵고 지루했던 과학이 순식간에 쉽고 즐거워집니다.
복잡한 현대 과학의 기초 원리에서부터 응용까지
다루고 있으며, 다양한 정보와 교양을 골라서
일목요연하게 정리해 줍니다.

- 15 물리가 물렁물렁
- 16 화학이 화끈화끈
- 17 우주가 우왕좌왕
- 18 구석구석 인체 탐험
- 19 식물이 시끌시끌
- 20 벌레가 벌렁벌렁
- 21 동물이 뒹굴뒹굴
- 22 화산이 왈칵왈칵
- 23 소리가 슥삭슥삭
- 24 진화가 진짜진짜
- 25 꼬르륵 뱃속여행
- 26 두뇌가 뒤죽박죽
- 27 번들번들 빛나리
- 28 전기가 찌릿찌릿
- 29 과학자는 괴로워?
- 30 공룡이 용용 죽겠지
- 31 질병이 지끈지끈
- 32 지진이 우르쾅쾅
- 33 오싹오싹 무서운 독
- 34 에너지가 불끈불끈
- 35 태양계가 티격태격
- 36 튼튼탄탄 내 몸 관리
- 37 똑딱똑딱 시간 여행
- 38 미생물이 미끌미끌
- 39 의학이 으악으악
- 40 노발대발 야생동물
- 41 뜨끈뜨끈 지구 온난화
- 42 생각번뜩 아인슈타인
- 43 과학 천재 아이작 뉴턴
- 44 소름 돋는 과학 퀴즈

앗, 시리즈 (전 70권)

앗, 이렇게 재미있는 사회·역사가!

어렵고 지루했던 사회·역사가 순식간에 쉽고 즐거워집니다. 사회·역사와 담을 쌓았던 친구들에게 생생한 학습 의욕을 불어넣어 줄, 꼭 필요한 정보와 교양만을 골라서 일목요연하게 정리해 줍니다.

- 45 바다가 바글바글
- 46 강물이 꾸물꾸물
- 47 폭풍이 푸하푸하
- 48 사막이 바싹바싹
- 49 높은 산이 아찔아찔
- 50 호수가 넘실넘실
- 51 오들오들 남극북극
- 52 우글우글 열대우림
- 53 올록볼록 올림픽
- 54 와글와글 월드컵
- 55 파고 파헤치는 고고학
- 56 이왕이면 이집트
- 57 그럴싸한 그리스
- 58 모든 길은 로마로
- 59 아슬아슬 아스텍
- 60 잉카가 이크이크
- 61 들썩들썩 석기 시대
- 62 어두컴컴 중세 시대
- 63 쿵쿵쾅쾅 제1차 세계 대전
- 64 쾅쾅탕탕 제2차 세계 대전
- 65 야심만만 알렉산더
- 66 위풍당당 엘리자베스 1세
- 67 위엄가득 빅토리아 여왕
- 68 비밀의 왕 투탕카멘
- 69 최강 여왕 클레오파트라
- 70 만능 천재 레오나르도 다 빈치

전 세계 2천만 독자가 함께 읽는
<앗, 시리즈>

전 세계 2천만 독자가 함께 읽는
<앗, 시리즈>

주인공이 나야, 사과야?

전 세계 2천만 독자가 함께 읽는
<앗, 시리즈>

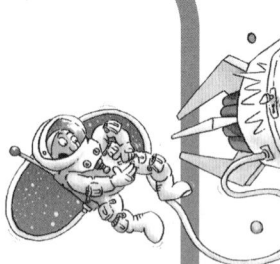

우리 왜 떨고 있는 거지?
덜덜덜~